이어령의 교과서 넘나들기

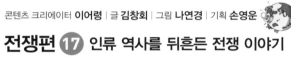

콘텐츠 크리에이터 **이어령** | 글 **김창회** | 그림 **나연경** | 기획 **손영운**

전쟁편 17 인류 역사를 뒤흔든 전쟁 이야기

살림

생각을 넘나들며 다양한 지식을 익히는 융합형 인재가 되세요!

우리는 지난 몇 년간 엄청난 변화를 겪었습니다. 과학기술과 정보통신기술의 비약적인 발전으로 인해 지난 시절 몇 세기에 걸쳐 누적된 삶의 변동보다 훨씬 더 크고 빠른 변화를 경험해야 했던 것이지요. 스마트폰 같은 디지털 기기들과 트위터, 페이스북 같은 소셜 네트워크 서비스들은 불과 1~2개월의 시간 동안 우리 삶의 방식을 일순간에 바꾸어 놓았습니다. 당연히 지난 시절에 유용했던 생각과 지식 역시 크게 달라질 수밖에 없습니다. 이럴 때 우리 아이들은 미래를 위해 무엇을 준비하고 공부해야 할까요?

저는 이런 이야기를 좋아합니다. 옛날 어떤 사람이 우연히 산속에서 신선을 만났습니다. 신선에게 소원을 말하면 들어준다는 말에 그 사람은 신선을 붙들고 놓아 주지 않았지요. 그리고 신선에게 말했습니다. "저기 저 바위를 황금으로 바꿔 주세요." 다급해진 신선이 지팡이를 휘둘러 커다란 바위를 황금으로 바꾸어 주었습니다. "이제 놓아다오." 그때 그 사람이 눈을 반짝이며 말했습니다. "소원이 바뀌었어요. 그 지팡이를 제게 주세요."

이 이야기는 단순히 고기 잡는 방법을 가르쳐야 한다는 말이 아닙니다. '황금'이라는 창조물에서 황금을 창조하는 '방법'으로 생각을 이동시킬 수 있는 능력이 중요하다는 말입니다. 우리 아이들이 주역이 될 미래는 다양한 방면으로 바라보고 가로지르고 융합할 수 있는 '생각의 능력'이 더없이 중요해지는 시대입니다.

콜럼버스의 일화를 소개할까요. 콜럼버스가 신대륙에 상륙했을 때 어딘가에서 새소리가 들렸습니다. 콜럼버스는 그 새소리를 종달새 소리라고 적었지만, 나중에 밝혀진 바로는 그곳에 종달새는 살지 않았답니다. 콜럼버스는 자신이 알고 있는 지식에 묶여 새(bird)소리를 새(new) 소리로 듣지 못했던 것입니다. 이런 관습적인 사고가 과거의 생각 방식이었다면 이제 중요해지는 것은 '순환적인 사고'와 '양면적인 사고', 서로 다른 분야를 함께 생각할 수 있는 '복합적인 사고'입니다.

다행히 우리 민족은 이미 오래전부터 이런 사고방식을 부지불식간에 사용하고 있었습니다. 언어적으로 봐도 서양은 한쪽 면만 표현하는 반면 우리는 항상 양면성을 고려했습니다. 고층건물에 있는 '엘리베이터'는 그 뜻을 해석하면 이상합니다. '오르는 기계'라는 뜻이니까요. 우리는 '승강기'라고 씁니다. '오르내리는 기계'라는 뜻이지요. '열고 닫는다'는 뜻의 '여닫이', 나가고 들어온다는 뜻의 '나들이', 이런 어휘들은 양면적인 사고가 잘 반영

되어 있습니다.

순환적 사고란 무엇일까요. 가위, 바위, 보에서 '가위'의 의미에 주목해 보도록 하지요. 바위와 보만 있는 세계는 항상 결과가 자명한 세계입니다. 모두 오므리거나 모두 편 것, 이것 아니면 저것만 있는 세계에서는 다양함이 나올 수 없습니다. 그러나 '가위'가 있어서 가위, 바위, 보는 예측 불가능한 결과를 가져올 수 있는 다양성을 갖게 됩니다. 우리는 바로 그 '가위'와 같은 것을 상상해 내고 생각할 줄 알아야 합니다.

그러자면 서로 다른 분야를 넘나들면서 다양한 지식을 융합적이고 통섭적으로 습득해야 합니다. 쓰고 남은 천들은 버려지는 것이 아니라 조각보로 훌륭하게 다시 만들어질 수 있고, 배추 쓰레기가 '시래기'라는 웰빙음식으로 재탄생할 수 있게 만드는 지식의 습득과 활용이 필요합니다.

그렇게 자라난 우리 아이들은 과거와는 다르게 모두가 1등이 될 수 있는 사회에서 풍요로운 삶을 살 수 있을 것입니다. 저는 늘 이렇게 말합니다. "남다른 생각과 지식을 가지고 360도 방향으로 제각기 뛰어나가 그 분야에서 1등이 되어라. 옛날처럼 성적순으로 1등부터 꼴찌까지 줄 세우는 시절이 아니다. 그렇게 저마다의 소질과 생각에 맞는 분야에서 1등이 되어 손 맞잡고 강강술래를 돌아라. 그런 아름다운 세상에서 살아라."라고 말이지요.

스티브 잡스는 스탠퍼드 대학교의 엘리트들에게 이렇게 말했습니다. "Stay hungry, stay foolish!" 졸업하면 성공이 보장된 인재들에게, 그리고 최고의 지성으로 무장한 졸업생들에게 '항상 바보 같아라'라고 말한 것은 어떤 의미일까요. 기존의 지식으로 무장한 사람일수록 세상을 바꿀 뛰어난 생각은 바보같이 느껴진다는 의미가 아닐까요. 현재의 관점에서 불가능할 것 같고 황당하고 쓰임새가 없어 보이는 상상 속에 우리가 예측하지 못했던 엄청난 혁신과 가치가 숨어 있다는 것을 스티브 잡스는 말하고 싶었던 겁니다.

〈이어령의 교과서 넘나들기〉가 우리 젊은 학생들이 그런 행복한 미래(future)에 대한 비전(vision)을 갖는 데 꼭 필요한 융합형(fusion) 교양 지식을 익히고 생각의 넘나들기를 익힐 수 있는 좋은 계기가 되기를 바랍니다.

이어령

지식 대융합 시대의 창조적 교양인을 꿈꾸는 여러분께

현대 사회는 'T자형 인간'을 요구한다고 합니다. 'T자형 인간'이란 자기 분야는 물론이고, 다른 분야에도 깊은 이해가 있는 종합적인 사고 능력을 가진 사람을 일컫는 말입니다. 'T'자에서 '―'는 횡적으로 많이 아는 것을, 'ㅣ'는 종적으로 한 분야를 깊이 아는 것을 의미하지요.

왜 현대 사회는 T자형 인간을 원할까요? 그 이유는 21세기가 '지식 대융합의 사회'를 지향하고 있기 때문입니다. 현대는 하루가 다르게 새로운 개념의 첨단 전자 제품이 나오고, 그것이 우리의 지식 정보 전달 시스템을 통째로 바꾸고, 그 결과 문명의 방향이 달라지는 시대입니다. 이 변화무쌍한 현실을 이해하고 이끌어 나갈 수 있는 힘은 오로지 창조적이고 통합적인 상상력과 직관을 가진 'T자형 인간'으로부터 생산되기 때문입니다.

하지만 우리의 현실을 보면 앞이 아득합니다. 'T자형 인간'이 되어 21세기 대한민국을 이끌고 나가야 할 청소년들은 빡빡한 학교 수업과 학원 일정에 쫓겨 다람쥐 통의 다람쥐처럼 제자리 돌기만 하고 있습니다. 학교와 교과서를 통해 배운 지식을 단순히 입시 수단으로만 여기고 있습니다. 학교에서 배운 지식을 다른 지식과 잘 연결하고 융합시켜 지적 능력을 키우는 일에는 관심 밖입니다.

〈이어령의 교과서 넘나들기〉 시리즈는 안타까운 우리 청소년들의 지적 현실을 타개하기 위해 만든 책입니다. '5천 년 인류 문명이 이룩한 모든 교양을 만화로 읽는다.'는 생각으로 만화가 가지는 유머와 재미라는 틀 안에 그동안 인류가 축적한 다양한 지식을 담았습니다. 단순히 한 가지 학문만을 다루는 것이 아니라 다양한 학문이 통합된 융합형 교양 지식을 담아 청소년들이 현대 사회를 창조적으로 살아갈 수 있는 능력을 기를 수 있도록 만들었습니다.

인류 문명의 토대가 되는 지식을 담은 재미있고 명쾌하지만 결코 가볍지 않은 멋진 만화책들이 차례로 독자들 앞으로 찾아갈 것입니다. 우리 청소년들이 이 책들을 읽고 '지식의 대융합 시대'를 선도하는 'T자형 인간'을 꿈꾸는 모습을 보기를 간절히 소망합니다.

기획 손영운

이제 평화와 공존을 이야기하자!

고대부터 현대에 이르기까지의 수많은 전쟁의 모습들을 살펴보면서 너무나 끔찍하고 처절한 역사의 현장이 머릿속에서 떠나지 않아 글을 쓰는 내내 마음이 참 불편했습니다. 누군가는 인류의 역사를 '전쟁의 역사'라고 이야기했습니다. 인류의 시작과 함께 시작되었을 전쟁이 지금도 뉴스를 가득 채우고 있는 것을 보면 그 말이 틀린 것도 아닌 듯합니다. 사회가 복잡해지는 것만큼 전쟁의 원인도 그러하니, 솔직히 미래가 걱정됩니다.

이 책에는 역사 속에서 많은 영향을 끼쳤던 다양한 전쟁과 앞으로 일어날 수 있는 전쟁의 모습이 있습니다. 하지만 제가 궁극적으로는 이야기하고 싶었던 것은 갈등과 반목을 극복한 평화와 공존입니다. 앞으로 우리가 살아갈 세상은 배려와 이해, 그리고 사랑을 통해 평화와 공존을 위한 노력이 결실을 맺었으면 좋겠습니다. 그리고 이 책을 읽은 많은 친구들이 전쟁은 정말 무서운 것, 끔찍한 것, 다시는 우리 주변에서 일어나서는 안 되는 것이라는 생각을 하는 계기가 되었으면 좋겠습니다.

글 **김창회**

전쟁은 우리 인류의 어두운 역사입니다

전쟁과 인류의 역사는 함께 해 왔다고 해도 과언이 아닙니다. 단순한 영토의 확장을 노린 전쟁에서부터 정치적인 목적을 가진 전쟁까지 다양한 전쟁들이 우리 인류의 역사와 함께해 왔습니다. 그뿐 아니라 과학 기술도 전쟁에 있어서 좋은 의미로 인류에게 도움을 주었던 것은 아니었죠.

서로 다른 이념들이 모여서 하나의 집단이 되고 집단이 세력으로 변하면, 자신들의 위세를 더욱 퍼뜨리려는 욕심이 생겨 대립과 전쟁이 일어나는 것입니다. 그래서 전쟁은 서로에게 큰 아픔만을 낳는 절대 일어나서는 안 되는 행위라는 것을 이 책을 읽는 독자들이 알게 되도록 열심히 그림을 그렸습니다. 제 의도가 독자 여러분들께 잘 전달이 되었으면 하며, 작업에 도움을 주신 청강만화스튜디오 식구들 외에 많은 분들께 대단히 감사한 마음을 보냅니다.

그림 **나연경**

차례

이어령의 교과서 넘나들기 전쟁편 ⑰

1장 전쟁은 지구의 비극

1977년에 미국항공우주국(NASA)이 발사한 태양계 무인탐사선 보이저 1호에 대해 들어본 적 있니?

이 책의 주제가 전쟁인데 웬 보이저 1호 얘기냐고?

?

우리들은 왜 전쟁을 공부하려고 하지? 뭘 알고 싶은 걸까?

응?

응?

보이저 1호 이야기를 꺼낸 건 그 질문에 대한 답을 고민해 보기 위해서야.

잘 들어!

네~.

태양계 행성을 탐사하기 위해 지구를 떠난 보이저 1호는

1990년 2월, 지구에서 무려 64억 킬로미터 떨어진 곳에서
태양계를 촬영한 사진들을 전송했는데,

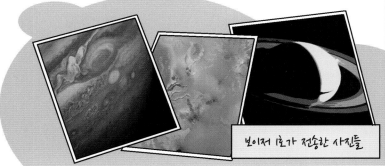

보이저 1호가 전송한 사진들

미국의 유명한 천문학자 칼 세이건은

칼 세이건(Carl. Edward. Sagan, 1934년~1996년)

그중 지구를 찍은 사진에
'창백한 푸른 점'이라는 제목을 붙였어.

제목 좋은데?

캄캄한 우주에서 유일하게
빛나는 작은 점처럼 보이는
지구의 모습은 무척
인상적이었거든.

그는 『창백한 푸른 점』이라는 책에서 이렇게 말했어.

"지구는 우주라는 광활한 곳에 있는 너무나 작은 무대이다. 승리와
영광이란 이름 아래, 이 작은 점의 극히 일부를 차지하려고 했던 역사
속의 수많은 정복자들이 보여 준 피의 역사를 생각해 보라. 이 작은 점의
한 모서리에 살던 사람들이 다른 모서리에 살던 사람들에게 보여 주었던
잔혹함을 생각해 보라. 서로를 얼마나 자주 오해했는지, 서로를 죽이려고
얼마나 애를 써 왔는지, 그 증오는 얼마나 깊었는지 모두 생각해 보라. 이
작은 점을 본다면 우리가 우주의 선택된 곳에 있다고 주장하는 자들을
의심할 수밖에 없다. 우리가 사는 이곳은 암흑 속 외로운 얼룩일 뿐이다.
이 창백한 푸른 점보다 우리가 아는 ㅇㅇㅇ
서로를 따뜻하게 대해야 하ㅇ

치고 박고 다
부질없는 짓이야.

겸손해야지.

세이건의 말처럼 인류는 작은 점에
불과한 지구 안에서 더욱 작은 일부를
차지하기 위해

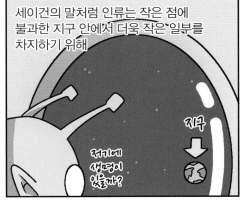

지구

저기에
생명이
있을까?

오랫동안 서로를 미워하고 증오하며
침략하고 파괴해 왔는데,

그게 바로 '전쟁(戰爭)'이라는 행위야.

동서양을 막론하고 역사 속에서 전쟁은 늘 되풀이되어 왔으며,

와아아!

보이저 1호가 사진을 전송하던 그 시각에도, 여러분이 이 책을 읽는 지금도 어딘가에서 전쟁이 벌어지고 있어.

전쟁

인류의 역사를 8,000년이라고 하면

원시   중세   현대

8,000년

전쟁이 없었던 시기는 불과 수백 년에 불과해.

16세기 이후 20세기 중반까지 무력충돌은 25만 건이나 있었고

이는 매년 세계 곳곳에서 500건 이상의 싸움이 벌어졌다는 이야기야.

악!
……
으악!

놀랍고도 무서운 역사의 뒷면이라고 할 수 있지.

뭐지?
이 기분은?

인류 역사를 뒤흔든 전쟁의 종류도 다양해.

○☆전쟁
□△전쟁
□□전쟁
○○전쟁

정당한 이유 없이 다른 나라를 침략하는 건 불법적인 전쟁으로, 침략전쟁이라고 해.

전쟁이다!

다른 나라의 침략으로부터 자기 나라를 지키기 위해 싸우는 전쟁은 자위전쟁이라고 하지.

식민지 상태에서 벗어나기 위해 하는 전쟁은 독립전쟁이라고 하고,

세계전쟁은 전 세계에 걸쳐 대규모로 일어나는 전쟁이야.

투타타타

우와와

인류는 지금까지 두 번의 세계대전을 겪었지.

WORLD WAR

국지전쟁은 한정된 지역에서 일어나는 전쟁을 말해.

적벽대전이 좋은 예지.

적벽

우리랑은 상관없네요.

한국전쟁과 아랍-이스라엘 분쟁, 즉 중동전쟁이 국지전쟁에 속한다고 할 수 있어.

또 국제전쟁은 국가와 국가 간에 벌어지는 전쟁이고,

한 국가 안에서 서로 다른 집단이 충돌하는 전쟁은 내전이라고 해.

내 거야!

이거 놔!

전쟁의 종류가 이렇게 많다니, 놀랍지?

사실 전쟁의 종류를 명확하게 규정짓는 것은 어려워.

국지?

내전?

…

전쟁

전쟁

어떤 전쟁이든 여러 종류의 성격이 섞여 있기 때문이지.

너는 성격이 분명치 않아.

전쟁

예를 들어 한국전쟁은 북한과 남한의 내전으로 시작됐지만 국제연합군과 중국군이 합류하면서 국제전쟁이 되었어.

중국

중국

누가 우리 얘기 건드냐?

봤지? 저 형들 화나면 엄청 무서워~.

너야말로 내 뒤에 저 형들 안 보이냐?

무슨 일이야? 도와줄까?

미국

미국

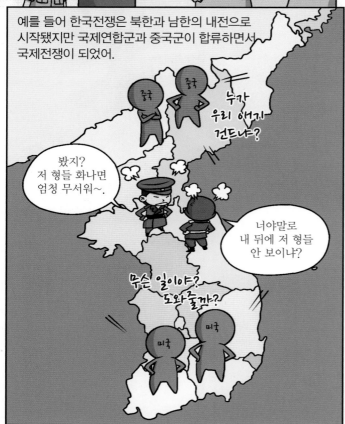

북한이 남한을 불법적으로 침략한 침략전쟁이자

남한 입장에서는 침략에 대응하기 위한 자위전쟁이었지.

또 한반도 내에서 벌어진 국지전쟁이기도 해.

앞으로 공부할 전쟁들이 어떤 성격을 가지고 있는지 여러분 스스로 잘 정리해 봤으면 좋겠어.

우주라는 어마어마한 공간에서 보면 지구는 너무나 작은 존재일 뿐인데, 이 속에서 벌어지는 전쟁의 의미는 과연 무엇일까?

전쟁을 통해 우리는 무엇을 배울 수 있을까?

우선 전쟁에서 승리한 수많은 영웅들의 이야기와 정복전쟁을 통해 엄청나게 영토를 확장한 대제국의 이야기를 알게 되겠지.

광개토대왕

칭기즈칸

카이사르

우와~!

중요한 건 역사 속에서 벌어진 전쟁을 통해

우리가 앞으로 나아가야 할 방향을 찾는 거란다.

이 책에서는 특히 '인간과 전쟁'에 대해 집중적으로 공부할 거야.

인간과 전쟁

전쟁의 역사

전쟁   XX전쟁

여러분도 이 책을 읽는 동안 다음 질문에 대해 진지하게 생각해 봤으면 좋겠어.

뭔데요?

첫째, 전쟁이란 무엇이며 인간은 왜 전쟁을 하는가?

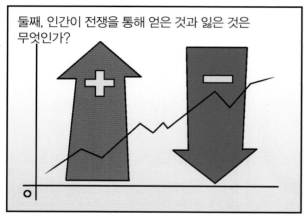

둘째, 인간이 전쟁을 통해 얻은 것과 잃은 것은 무엇인가?

셋째, 전쟁은 인간에게 어떤 영향을 주었는가?

으아아~, 오지 마!!

전쟁

우선 '전쟁'이라고 하면 어떤 단어가 떠오르니?

WAR 戰爭

폭력, 파괴, 눈물, 슬픔, 죽음 등 대부분 어둡고 침울한 느낌을 주는 단어일 거야.

폭력 죽음 파괴 눈물 슬픔 하아

프랑스 작가 실비 보시에는 『전쟁과 평화 두 얼굴의 역사』란 책에서 이렇게 말했어.

전쟁은 악마들이 이끄는 죽음의 행렬이다.

전쟁이란 소중한 생명을 죽음의 공포로 위협하고, 우리가 살고 있는 삶의 터전을 파괴하는 무서운 것이라는 뜻이지.

나랑 놀아볼까?

전쟁

저리 가~~!

으히히히

한편 사전에서는 전쟁을 이렇게 정의해.

전쟁

"국가와 국가, 또는 교전(交戰) 단체 사이에 무력을 사용하여 싸우는 것을 말한다."

즉 전쟁이란 여러 갈등 상황을 해결하기 위해 힘의 논리를 사용하는 인간의 폭력적 행동을 가리켜.

출처: 국립국어원 표준국어대사전

질문을 하나만 할게.

뭘 봐?

뭐?

인간에겐 원래 싸움을 좋아하는 본성이 있을까?

퍽

이 자식이!

퍽

뭐야?!

그래서 늘 전쟁이 일어나는 것일까?

전쟁이다!

와아~!

심리학자 지그문트 프로이트는 제1차 세계대전의 끔찍한 상황을 목격한 후 이렇게 말했어.

인간이 일으킨 전쟁은 문화에 의해 억압된 인간 본능에서 기원한다.

말이 좀 어렵지?

이 말은 전쟁이 인간의 본능이며, 문화가 계속 발달하는 한 전쟁은 끝없이 발생할 거란 얘기야.

저거면 전쟁도 끝인데…

지그문트 프로이트(Sigmund Freud, 1856년~1939년), 『문명 속의 불만』(1930) 중 '죽음의 고찰' 편에서.

과거 석기시대 원시인들을 생각해 보자.

많은 학자들은 원시시대의 싸움은 전쟁의 정의 중 중요한 요소가 빠져 있기 때문에 그것을 전쟁이라고 부를 수는 없다고 해.

전쟁요소

그들은 국가를 세우지도 못했고, 본능에만 충실한 생활을 했어.

그렇다면 '싸움'이 인간의 본성이라고 할 수 있지 않을까?

그건 못을 박을 때 쓰는 거다~~.

즉 싸움이 인간 사회의 문명화와 더불어 전쟁으로 발생한 거라는 말이야.

인간은 처음엔 아주 작은 단위로 모여 살았어.

서로 공평하게 나누어 가지면서 말이지.

이거 먹어 봐. 맛있어.

그래?

점차 집단이 커지고 농경생활을 시작하면서 마을공동체가 만들어졌고,

인간의 문명은 이때부터 본격적으로 시작되었어.

문명의 발달과 생산력의 증대는
물질적인 풍요를 가져다줬지만

재산이 많은 사람과 적은
사람이 생기게 되었고,

남보다 더 많이 갖길 원하는
욕망과 탐욕도 커져 갔지.

마침내 인간은 자신들이 가지지 못한 것을 빼앗거나 더욱
많은 것을 갖기 위해 힘으로 다른 집단을 공격하기 시작했어.

이것이 바로 전쟁의
시작이란다.

대부분의 역사학자들은 인간의 역사가
시작됨과 동시에 전쟁이 시작되었고,

문명이 발달할수록 전쟁은 더욱 심각하게 진행되었다고 해.

인간은 과거보다 더 나은 삶을 살고 있는 것이 분명한데,
왜 전쟁은 점점 더 심각해지는 것일까?

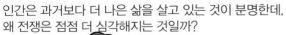

안녕~.

여러 가지 원인 중 과학의 발전이 중요한
부분을 차지해.

네 이놈!!

과학이 발전하면서 전쟁 기술도 발달했기 때문이지.

미사일

우와!

과거의 전쟁은 주로 병사들의 대결만으로 판가름이 나는 형태였지만

집결하라~!

와 아~

과학의 발달로 전쟁의 규모가 커졌고,

100만!!

좌표 X: 00, Y: 00으로 미사일 발사!

그만큼 전쟁으로 고통 받는 사람도 어마어마하게 늘어나게 되었지.

그렇다면 인간은 이렇게 무서운 전쟁을 왜 하는 걸까?

그리스의 시인 호메로스가 쓴 서사시 『일리아스』의 내용을 보자.

일리아스
ILIAS
HOMEROS

이 책은 그리스 연합군과 트로이가 벌인 10년간의 전쟁에 대한 이야기야.

불화의 여신 에리스는 바다의 여신 테티스와 영웅 펠레우스의 결혼식에 초대받지 못한 데 앙심을 품고

'가장 아름다운 여신에게'라고 쓰인 황금사과를 두고 떠났지.

아름다운 여신에게

아름답기로 유명한 여신이었던 헤라와
아프로디테, 아테네는

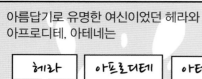

그 사과의 주인 자리를 두고
싸움을 벌였어.

내 거야!

내 거야!!

이때 트로이의 왕자 파리스가
사과의 주인으로 아프로디테를
지목했고

아프로디테 님!

아프로디테는 그 대가로 파리스에게 세상에서 가장 아름다운 여인을
아내로 삼게 해 주었어.

하지만 그 여인은 이미 스파르타의 왕
메넬라오스와 결혼한 상태였지.

뭐야?

콰!

파리스에게 아내를 빼앗긴 메넬라오스는

그랬단 말이지~~.

그리스 연합군을 결성해 트로이로 쳐들어 가는데,

트로이를
쳐 부셔라!

와아!!

이게 바로 유명한 '트로이 전쟁'이야.

그리스 연합군은 10년간의 전쟁으로 결국 트로이를 멸망시켰지.

그런데 과연 이 두 나라가 전쟁을 치른 이유가 정말 빼앗긴 아내를 되찾기 위해서였을까?

멋진 승리였어. 그렇지?

그렇지 말입니다~.

…

저기…

결론은 아니라는 거야.

트로이는 지중해와 흑해를 연결해 주는 길목에 자리 잡고 있었어.

흑해

트로이

지중해

이곳은 다르다넬스 해협을 통과하는 험난한 항로를 피해 육로로 수송할 수 있는 요충지였지.

그리스는 그 지역을 차지해 아시아와의 무역을 독점하려고도 했고,

나 때문이 아니었다고?

버럭!

당시 세력을 확장하고 있었던 트로이가 그리스를 위협하는 존재로 성장하기 전에

트로이

강력한 군사력을 동원해 미리 싹을 자르려는 목적도 있었지.

안 돼!

하지 마!

트로이

그리스

잘 가…

결국 트로이 전쟁은 지중해 유역의 패권을 다툰 두 나라 간의 경제적·정치적 이해관계가 얽힌 전쟁이었다고 할 수 있어.

오늘날에는 전쟁의 원인이 더욱 다양하고 복잡해지고 있지.

종교나 인종 문제로 전쟁이 일어나기도 하고 석유나 물 등의 자원을 확보하기 위해 전쟁이 일어나기도 해.

특히 미래에는 물 때문에 전쟁이 발생할 것이라고 예상하는 사람들이 많아.

국제연합(UN)은 2025년경이 되면 기후 변화와 인구 증가, 물 수요의 증가로 약 30억 인구가 물 부족의 어려움을 겪게 될 거라고 발표했어.

그렇다면 자원으로서의 '물'이 국제사회의 분쟁의 씨앗이 될 수도 있겠지?

이미 물은 국제 분쟁의 원인이 되고 있어.

나일 강은 우간다, 에티오피아, 수단, 이집트를 거쳐 지중해로 흘러들어 가는데!

이들 나라들은 수자원의 90% 이상을 나일 강에 의존하고 있어.

특히 헤로도토스가 '이집트는 나일 강이 내린 선물'이라고 할 정도로 이집트는 나일 강의 혜택을 가장 많이 받은 나라야.

하지만 시간이 갈수록 나일 강을 둘러싼 이해관계가 첨예하게 대립하고 있지.

처음 분쟁은 이집트와 수단 간에 벌어졌어.

이집트 수단

1958년 이집트는 나일 강의 범람을 막기 위해 아스완댐을 건설했는데,

이 때문에 나일 강 근처에 살던 수단 주민들이 다른 곳으로 이주하게 되면서 분쟁이 일어났지.

이 사건은 양국이 1959년 나일 강 사용에 대한 협약을 맺는 것으로 마무리되는 듯했는데,

피~스!

협 약

이번에는 상류 지역의 다른 국가들의 불만이 커졌지.

맘에 안 들어. 그러게.

상류 지역의 국가는 강 상류에 수력발전소나 관개수로 등을 건설하려 해도

1959년의 협정을 내세우는 두 국가의 반대에 부딪쳐 실행에 옮기지 못하고 있었거든.

안 돼!

협 약

결국 2010년 에티오피아 등 상류 5개국이 국가별 물 사용량을 새로 배정하는 것을 주요 내용으로 한 조약을 체결했고,

이것들이 진짜······.

까불지 마라...

반면 이집트와 수단은 오랫동안 자신들이 누려온 이익을 포기하지 않으려 하는 상태가 된 거야.

원래 우리 거라고.

무슨 소리, 우리가 살던 곳이야.

흥!!

앞으로도 우리가 생각하지 못했던 원인으로 인해 분쟁이 일어날 수 있어.

가령 환경오염이 심각해지면 신선한 공기를 차지하려고

이힛!

우왓, 냄새!

뿌

웅

'공기 전쟁' 혹은 '산소 전쟁'으로 명명될 수 있는 새로운 전쟁도 가능하다는 거야.

공기 전쟁

산소 전쟁

그럼 우리는 신선한 산소를 찾아 여기저기 유랑해야 하는 상황이 생길지도 모르고,

경제적 능력에 따라 산소를 마시는 데에 어려움을 겪게 될지도 몰라.

헉!

엄마~.

괜찮아.

이렇듯 전쟁이 계속 일어난다면 어떻게 대처해야 할까?

괜찮으세요?

감사합니다~.

엄마...

과거에 일어났던 수많은 전쟁에서 그 답을 얻을 수 있지 않을까?

OX전쟁

바로 이것이 우리가 과거의 전쟁에 대해 공부해야 하는 진짜 이유야.

전쟁

탁!

어떤 전쟁이 몇 년부터 시작되어 몇 년에 끝났는지, 얼마나 많은 물자와 사람이 투입되었는지를 외우는 것보다 더 중요한 건 바로 그 교훈이지.

응?

그러려면 전쟁이 왜 일어났으며, 다시 일어나지 않게 하려면 어떻게 해야 하는지,

· · · · · · · ·

· · · · ·

이렇게 싸우는 여신 중에는 아름다운 여신은 없겠는 걸?

내가 가져 가야겠다

그리고 그 전쟁의 결과가 전쟁으로 잃은 목숨보다 더 가치 있는 것이었는지를 판단할 수 있어야 해.

아이고……

인류는 역사의 순간마다 전쟁을 통해 강제로 문제를 해결하려 했어.

전쟁

으라차차!

문제

전쟁에서는 승패가 뚜렷하게 갈린다고 믿었기 때문이지.

전쟁에서는 오직 승리 아니면 패배뿐이다!

하지만 과연 전쟁에 진정한 승자가 있을까?

승

패

미국의 정치학자 케네스 왈츠는 이렇게 말했어.

전쟁에서 누가 이겼느냐고 묻는 것은 샌프란시스코 지진에서 누가 이겼느냐고 묻는 것과 같다.

케네스 왈츠(Kenneth Waltz, 1924년~)

전쟁의 역사는 우리가 마주치게 될지도 모르는 다른 전쟁의 거울이야. 그래서 전쟁의 역사를 공부하면 평화를 이루는 방법을 발견할 수 있지.

이 책에서는 특별히 서양의 역사를 결정지은 전쟁들을 공부할 거야.

현대의 국제정세를 이해하기 위해서는 서양사를 알아야 하고,

오호!

서양사를 이해하는 데에는 굵직굵직한 전쟁사를 공부하는 게 중요하거든.

자, 그럼 과거로의 여행을 떠나 볼까? 출발~!

전쟁이 국가 경제를 일으켜 준다고?

"산을 뚫고 벼랑을 깎기 2년 5개월, 굽이치는 강물 위에 다리를 놓고 험준한 계곡을 흙으로 메워 전장 428km, 남북을 가로지르는 간선 대동맥 경부고속도로 전 구간이 마침내 개통, 속도혁명에의 거보를 내디뎠다."

– 1970년 7월 7일자 「동아일보」 기사 중에서.

위 글은 지금으로부터 약 40여 년 전 서울과 부산을 잇는 경부고속도로가 개통되었다는 소식을 알리는 신문기사 중 일부예요. 우리나라는 경부고속도로를 개통한 이후 엄청난 발전을 거듭하지요. 어떤 사람은 경부고속도로를 가리켜 '한국 경제 발전의 아이콘이며 한강의 기적을 이루는 초석'이라고도 했어요.

그런데 1960년대 초반 국민소득이 채 100달러도 안 되었던 가난한 나라가 어떻게 이런 고속도로를 건설할 수 있었을까요? 당시 우리가 도움을 받은 것은 베트남전쟁이었어요. 전쟁 참전의 대가로 들어온 원조금에, 전쟁에 필요한 물자를 수출해서 얻은 이익 등 한마디로 전쟁을 통해 얻은 이득을 이용해서 국내 경제를 활성화시킬 수 있었지요. 그중 상당한 액수의 돈이 경부고속도로를 건설하는데 사용되었다고 하니, 베트남전쟁은 한국 경제의 활로를 여는데 큰 기여를 한 셈입니다.

이 경부고속도로의 예를 통해 전쟁과 국가 경제의 상관관계를 알 수 있어요. 마치 베트남전쟁이 우리나라의 경제를 활성화하는데 중요한 역할을 한 것 같은 생각이 들 거예요. 그리고 전쟁에 참가함으로써 국가와 국민이 겪는 경제적 고통이 해결된다면 전쟁이 하나의 해결책이 될 수도 있겠다는 생각이 들 수도 있어요. 마치 전쟁이 우리 경제에 미치는 긍정적 효과인 것처럼 말이죠.

하지만 좀 더 깊이 생각해 봐야 해요. 만약 경제적으로 힘든 시기라고 해서 그 해결책으로 전쟁을 선택하는 것이 옳은 선택일까요? 전쟁을 통해 얻은 이익으로 국가의 경제적 곤란이 해결된다면 그 전쟁은 정당한 것일까요? 누군가가 큰 이익을 위해 전쟁을 일으킨 것이라면 그것을 어떻게 받아들여야 할까요?

물론 전쟁이 오로지 경제 문제 때문에 일어난다고 보기는 어려워요. 전쟁은 경제 문제뿐만 아니라 여러 가지 복잡한 이유들로 인해 발생하지요. 현대로 올수록 전쟁의 배후에는 불순한 목적, 즉 정치권을 등에 업은 군수업체라든가 전쟁을 통해 이익을 취하는 특수한 개인 등이 개입되어 있기도 해요. 전쟁터에서 흘려지는 피가 '자유, 평화, 희생' 등으로 포장될 때

베트남을 폭격하는 미국 전투기.

다른 쪽에서는 그 희생을 통해 부를 쌓는 누군가가 있다는 거지요.

아무리 전쟁이 국가 경제를 일으키는 측면이 있다고 하더라도 그것은 어느 한 부분에 불과해요. 전쟁은 얻는 것보다 잃어버리는 것이 더 많기 때문이죠. 전쟁에 들어가는 막대한 비용을 날로 심각해지는 환경 문제나 국제 빈곤 문제 등에 사용하자는 국제적 합의가 더욱 필요할 때입니다. 이런 과정에서 발생하는 경제적 이익이 약자들에게 돌아간다면 이것이 더 의미 있는 활동이 될 수 있을 거예요.

2장 한니발의 포에니 전쟁

포에니 전쟁은 기원전
3세기에서부터
기원전 2세기에 이르기까지

거의 100여 년 동안 로마와 카르타고가
세 차례나 맞붙은 전쟁이야.

두 나라는 유럽과 아프리카 사이에
있는 지중해를 사이에 두고 싸움을
벌였지.

로마

카르타고   지중해

'포에니'라는 말은 라틴어로 '페니키아인'이라는
뜻으로,

포에니
=
페니키아인

페니키아인의 후손인 카르타고인을 '포에니'라고
불렀기 때문에

너 진짜
혼난다!

포에니래요~.

포에니~.

포에니

페니
키아

이 전쟁을 포에니 전쟁이라고 해.

당시 카르타고는 세계 최강대국이었던 반면 로마는 이제 막 성장하던 신흥국가였어.

......

하지만 이 전쟁으로 전세가 뒤바뀌어

뭐야?

카르타고는 역사 속으로 사라지고, 로마는 대제국으로 성장하게 되었지.

와아~

출구

제길

일곱 개의 작은 언덕에서 시작했다는 신화로 알려진 로마는

퀴리날레

비미날레

카피톨리노

에스퀼리노

팔라티노

카밀리오

아벤티노

기원전 270년경 루비콘 강 남쪽의 이탈리아 반도를 통일하며 급부상하게 돼.

국가를 키우자!

기원전 753년 로물루스가 로마를 건국한 후 켈트족의 침입으로 멸망 직전의 상황에 이르기도 하고,

앞으로 이곳을 로마라고 하겠다!

로물루스(Romulus): 로마 건국의 전설적인 영웅.

귀족과 평민 간의 갈등으로 사회 전체가 마비되는 등의 많은 시련과 고난도 있었지만

평민 주제에...

평민 무시 하심?

로마는 모든 것을 슬기롭게 극복하고 굳건한 공동체를 만들어 지중해 유역의 새로운 강자로 떠오르지.

빠바

밤

주변 국가들은 로마의 빠른 성장에 주목했는데,

그중 로마를 가장 불안하게 바라보던 나라는 바로 바다 건너 북아프리카의 강대국 카르타고였어.

줄을 서 주세요~.

......

뭐냐?

까악!

누구...

사인!

지중해를 끼고 있던 카르타고는 해외무역이 발달한 해양 선진국이었는데,

로마가 반도를 통일하고 지중해로 진출을 시도하자 불안해지기 시작했지.

불안하단 말이야~.

기분 탓인가?

딱!!

딱!!

그리고 지중해를 둘러싼 두 나라의 세력 다툼은

그 손 놔라~.

너나 그 손 놔라!

지중해

세 차례에 걸쳐 약 100년간 치러진 포에니 전쟁으로 나타났어.

포에니 전쟁

1차 포에니 전쟁은 시칠리아에서 시작되었어.

시칠리아

기원전 264년~기원전 241년

카르타고에게 시칠리아는 지중해 동부 해상 무역의 거점 지역이었고,

안녕하세요~.

안녕~ 부지런하네~.

시칠리아

무역

로마에게는 주식인 밀의 주요 생산지로 두 나라 모두에게 중요한 곳이었지.

이것만은 절대 안 돼!

한편 시칠리아의 도시국가 시라쿠사와 전쟁 중이던 메시나가 로마에 도움을 요청하자,

도와주십시오!

...

로마는 약간의 주저함도 없이 군사를 파견했는데,

이것이 전쟁의 발단이었지.

카르타고는 시라쿠사와 동맹을 맺고 로마에 맞서 싸웠는데

형, 로마가…….

뭐야, 이 로마 놈들!

시라쿠사가 카르타고를 배신하고 로마와 동맹을 맺는 바람에 결국은 카르타고와 로마의 싸움이 된 거야.

네가 어떻게 나에게!

미안해, 형!

로마는 육지에서의 싸움엔 유리했지만 바다에서의 싸움엔 해상 강국이었던 카르타고에 맞설 수가 없었어.

덤벼라!

…‥‥

하지만 시칠리아는 섬이었기 때문에 바다에서의 싸움을 피할 수 없었지.

꼭 바다에서 싸워야 한다면…….

로마도 이기기 위해서는 바다에서 결판을 내야 했고,

바다에서 승부를 내야 해…….

당시 로마의 집정관 두일리우스는 로마에 불리한 바다 싸움의 승리를 위해

코르부스(corvus)라는 신무기를 장착한 배를 만들었어.

까마귀 배 라고도 하지.

코르부스는 중무장 보병이 신속하게 상대의 배로 이동할 수 있도록 한 일종의 상륙용 다리인데,

이것은 바다에서의 싸움을 지상에서 하는 싸움처럼 바꿔 주었지.

우리들이 디딜 수 있는 땅만 있으면 돼!

와아~

로마의 신무기에 카르타고는 엄청난 피해를 보았고,

크윽!

승리의 여신은 로마 쪽의 손을 들어 주는 듯했어.

카르타고

승!

로마

로마는 내친김에 카르타고 본토를 공격해 전쟁에 종지부를 찍고자 했지만,

진격하라!

카르타고

카르타고의 수도를 점령하기 일보 직전 카르타고가 고용한 용병 장군 크산티푸스에게 패해 후퇴하게 됐지.

돈 앞에 장사 있나?

아이고, 턱이야.

아이고~.

살려줘~

용병: 보수를 받고 복무하는 군인.

설상가상으로 폭풍우에 휘말려 10만에 이르는 로마군이 바다에 빠지는 참사를 겪게 됐어.

이렇게 무너질 수 없다!

하지만 로마는 불굴의 의지를 발휘하여

기원전 241년 마침내 카르타고군을 무찌르고 23년간 이어진 전쟁에 마침표를 찍었어.

전쟁 후 로마는 거액의 배상금을 받고 시칠리아를 지배하게 되는 등 많은 것을 얻었어.

로마

하지만 무엇보다 중요한 건,

지중해 최강대국이었던 카르타고를 이겼다는 자신감을 얻은 것과,

카르타고 따위!

로마가 지중해의 새로운 중심 국가로 발돋움하는 발판을 마련했다는 거야.

지중해에 볼일 있으면 로마에 문의하세요.

지중해

제1차 포에니 전쟁 후에도 카르타고는 여전히 위협적인 나라였지만

이번엔 패했지만 우리는 아직 싸울 수 있다!

할 수 있다!

와~아

와

로마는 카르타고가 전쟁을 수습하는 틈을 타

지중해 무역의 전진기지인 코르시카와 사르데냐를 지배하면서 본격적으로 야심을 드러냈어.

코르시카

사르데냐

한편 카르타고는 애송이라 여겼던 로마에게 패해서 무척 당황했지.

그런 애송이 로마에게 패하다니…….

이건 치욕이야.

구시렁 구시렁

이때 카르타고의 총사령관 하밀카르는 전쟁의 혼란을 수습하고 과감하게 해외 식민지를 개척했어.

그는 온 가족을 데리고 히스파니아로 건너가 은광 개발에 전념했어.

아버지, 아직 멀었어요?

다 왔어.

하밀카르 바르카스(Hamilcar Barcas, 기원전 270년경~기원전 228년)

히스파니아: 현재의 스페인 지역.

이 하밀카르에겐 반드시 로마를
쓰러뜨리겠다고 맹세한 아들이 있었는데,

아버지!

응?

그가 바로 제2차 포에니 전쟁의 주인공인 한니발이야.

제가 꼭
복수하겠어요!

한니발(Hannibal, 기원전 247년~기원전 183년)

카르타고는 히스파니아에서 개발한
은광과 해상무역 덕분에

Silver

카르타고

서서히 로마 패배 이전의
상태로 회복되고 있었는데,

아버지의 뒤를 이어 이스파니아의
총사령관이 된 한니발은

내 비록
어린 나이지만
로마쯤이야...

총사

카르타고가 예전의 힘을 되찾았다고
확신하고

카르타고
만세!

와!!

와아

와아

자신의 맹세를 행동에 옮기기로
했어.

두고 보자.

확

활

한니발이 처음 공격한 곳은
로마의 동맹국가 사군툼이었어.

사군툼

카르타고

로마 영토를 직접 공격하지 않으면서도 로마를
도발하려는 의도였는데,

로마놈들,
속 좀 쓰릴 거다!

와아~

로마도 기다렸다는 듯이 바로 카르타고에 선전포고를
했어.

감히 우리 동맹국을
건드리다니! 뜨거운
맛을 보여주마!

와아~

이것이 기원전 218년 제2차 포에니 전쟁의 시작이야.

로마는 한니발이 지중해를 가로질러 올 것으로 예상해 군대를 항구 도시 마르세이유 근방에 대기시켰지만,

적들은 바다로 올 것이다! 바다를 막아라!

옛!

한니발은 그런 로마의 예상을 깨고

너희들이 왜 애송이인지 이번 기회에 알려 주마.

보병 5만 명, 기병 9,000명, 코끼리 37마리를 이끌어

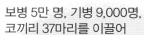

험난한 피레네 산맥과 알프스 산맥을 넘어 로마의 본토를 습격했지.

바다의 주도권을 빼앗긴 한니발에게는 불가피한 선택이었을지도 모르지만

총사령관님, 지금 병력 손실이 심합니다!

음······.

로마 입장에서는 완전히 허를 찔린 셈이었어.

절대 멈추지 마라! 그리하면 애송이 로마놈들이 허를 찔려 허둥대는 모습을 볼 수 있을 것이다!

좁고 험한 길을 따라 허리까지 쌓인 눈을 헤치며 산맥을 넘는 병사들과 코끼리를 상상해 봐.

불가능에 가까운 일이었지만 한니발은 결국 보름 만에
험난한 알프스를 넘었어.

다……
다 왔다.

비록 병력 절반의 죽음, 코끼리 부대의 전멸이라는
큰 손실을 겪어야 했지만,

…….

한니발은 군사들을 다독이며
힘차게 진격했어.

고지가 눈앞인데
여기서 쓰러질
수 없다!

네!

한니발은 병사를 잃은 것에
절망하지 않고

돌격!

주변 부족을 활용해 병력을 보충하며
서서히 로마의 심장부로 다가갔지.

한편 뒤늦게 상황을 파악한 로마는

뭐?
알프스를
넘어?

쾅!!

사태를 수습하기
위해 노력했지만,

한니발은 로마군과의 최초의
격전지인 타키누스 강에서
누미디아 기병을 이용해서 이기고,

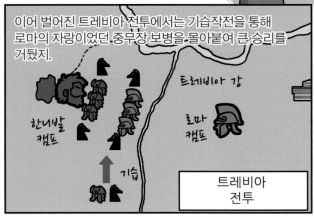

이어 벌어진 트레비아 전투에서는 기습작전을 통해
로마의 자랑이었던 중무장 보병을 몰아붙여 큰 승리를
거뒀지.

트레비아 강

한니발
캠프

로마
캠프

기습

트레비아
전투

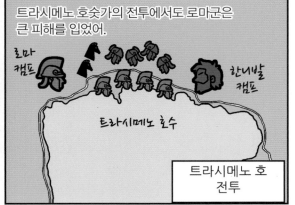

트라시메노 호숫가의 전투에서도 로마군은
큰 피해를 입었어.

로마
캠프

한니발
캠프

트라시메노 호수

트라시메노 호
전투

기원전 217년 6월 안개가 자욱하게 낀 어느 날,

집정관: 로마 공화정 시대의 최고 관직

로마의 집정관 플라미니우스가 이끄는 3만 명의 로마군은

제 아무리 한니발이라도 3만 명을…….

매복 중이었던 카르타고 군에게 갑작스런 공격을 받아

이럴 수가!

불과 3시간 만에 사령관을 포함한 1만 5,000여 명을 잃고, 그나마 도망친 6,000명의 병사들마저 카르타고 기병에 추격당해 항복하고 말았어.

너희들이 도망쳐 봤자…….

……

그야말로 로마군의 전멸에 가까운 패배였지.

와~

와~

연전연승을 거두며 로마로 진격하는 한니발 앞에는 정말 거칠 것이 없어 보였어.

누가 날 막을쏘냐!

그리고 기원전 216년 8월 남부 이탈리아 반도의 칸나에 초원에서

칸나에 초원

집정관을 교체하는 등 전열을 가다듬고 새롭게 무장한 로마와

내 앞날엔 승리뿐이다!

계속된 전투의 승리로 기세가 등등한 카르타고 사이에 운명을 건 전투가 벌어졌어.

로마, 이 애송이!

한 번 패자는 영원한 패자야.

로마군은 집정관이 이끄는 중무장 보병을 중앙에 배치하여 주력으로 삼고,

그 앞에는 경보병을, 양쪽에는 기병을 배치했어.

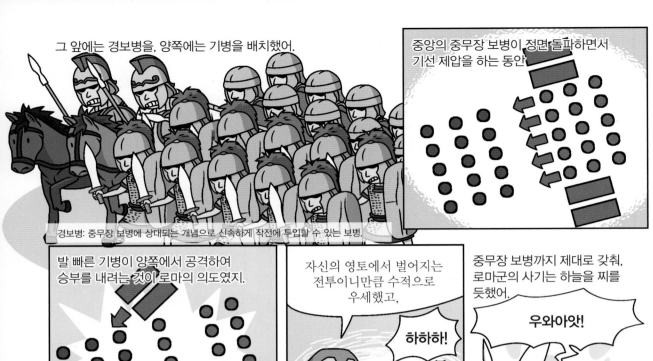

중앙의 중무장 보병이 정면 돌파하면서 기선 제압을 하는 동안,

경보병: 중무장 보병에 상대되는 개념으로 신속하게 작전에 투입할 수 있는 보병.

발 빠른 기병이 양쪽에서 공격하여 승부를 내려는 것이 로마의 의도였지.

자신의 영토에서 벌어지는 전투이니만큼 수적으로 우세했고,

하하하!

중무장 보병까지 제대로 갖춰, 로마군의 사기는 하늘을 찌를 듯했어.

우와아앗!

카르타고군도 로마군과 비슷하게 군대를 편성했지만

따라할 거냐?

누가 따라했다 그래?

특이한 점은 가운데를 초승달처럼 앞으로 볼록하게 배치한 거야. 그리고 양측에는 발 빠른 누미디아 기병을 배치했지.

누미디아

로마

카르타고

로마군이 중무장 보병에 중점을 두었다면

중무장 보병만이 전쟁의 승패를 결정한다…….

한니발은 기병의 역할에 큰 중점을 두고 진(陣)을 구성했어.

누미디아 기병을 최대한 활용해야 해!

전투가 시작되자 로마의 중무장 보병들은 무서운 기세로 카르타고의 중앙을 무너뜨리며 돌진했어.

와아아!

카르타고의 중앙의 보병들이 뒤로 밀려나면서

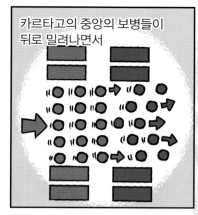

자연스럽게 로마군은 카르타고의 진영에 깊숙이 들어오게 되었지.

이놈들!

앞으로 볼록했던 카르타고군의 배치가 오목해졌고

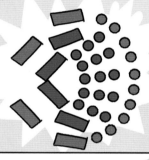

이때 양측의 발 빠른 누미디아 기병이 앞으로 나아가며 로마군을 둥글게 에워싸는 모양이 만들어진 거야.

원 안의 로마군은 대형을 잃고 우왕좌왕하기 시작했어.

어쩌다······

이렇게 된 거지?

신속하게 로마 진영의 후방으로 이동한 카르타고의 기병들은

오잉?

로마의 기병들과 정면으로 맞붙게 되었는데

이야아!

어?

어?

시간이 지날수록 로마의 기병은 용맹한 누미디아 기병들에게 밀리는 추세였어.

결국 로마군은 카르타고군의 포위망에 갇혀 일방적으로 당하는 처지가 되었어.

로마군 7만 명 이상이 죽음을 당한 엄청난 패배였지.

7만 명?!

역사상 하루 동안 이렇게 많은 군인들이 죽은 전투는 제1차 세계대전 때 서부전선 전투 외에는 없을 정도라고 해.

서부전선: 제1차 세계대전 때 독일군과 프랑스 · 영국 연합군 사이의 전선.

한니발에게 '전 시대를 통틀어 가장 위대한 지휘관'이라는 명예를 안겨 준 칸나에 전투는 이렇게 막을 내렸어.

그런데 전쟁에 거의 패배한 것처럼 보였던 로마에게 행운이 다가왔어.

누구세요?

저기…….

행운

칸나에 전투의 여세를 몰아 로마로 치고 들어올 것 같았던 한니발이

응?

갑자기 공격을 멈추고 상황을 지켜보기 시작한 거야.

…

한니발은 로마 연합이 와해되어 저절로 로마가 항복할 것이라 예상했던 건데,

주변 동맹국부터 치고 나간다면 로마는 항복을 할 것이고, 그러면 우리 전력의 손실도 적겠지.

총사령관님, 왜 안 들어가십니까?

그의 예상과는 달리 대다수의 도시들은 여전히 로마와 견고한 동맹관계를 유지하고 있었어.

우린 절대

로마

손을 놓지 않아!

결코 카르타고에게 유리한 상황은 아니었지.

뭔가 불안한데?

한편 새롭게 선출된 로마의 집정관 푸블리우스 코르넬리우스 스키피오는

푸블리우스 코르넬리우스 스키피오(Publius Cornelius Scipio, 기원전 185년경~기원전 129년)

로마가 승리하기 위해서는 카르타고 본토를 공격해야 한다고 원로원을 설득했어.

본토를 공격해야 합니다!

?

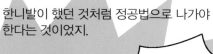

한니발이 했던 것처럼 정공법으로 나가야 한다는 것이었지.

그 방법밖에 없습니다!

원로원: 고대 로마의 입법 · 자문기관.

전쟁터는 이탈리아 반도에서 북아프리카의 카르타고로 옮겨져

로마

시칠리

자마

40대의 백전노장 한니발과 20대의 천재 장군 스키피오의 대결이 시작됐지.

기원전 221년 10월 19일 카르타고 남서부의 자마(Zama) 평원에서

자마

한니발은 정예부대원 1만 5,000명과 코끼리 부대를 이끌고 전투에 임했고,

와아!!

와!!

스키피오는 한니발의 전술을 연구하고 새로운 전술을 고안하는 등 만반의 준비를 했지.

타도, 한니발!!

결국 두 차례의 전쟁이 모두 로마의 승리로 끝나면서 로마는 지중해의 새로운 강자가 되었고,

승자는 로마!

지중해 로마

그리스에서 일어난 분쟁을 조정하면서 마케도니아를 속주로 만들고,

우리 로마의 영토를 확장해야 해.

속주: 이탈리아 반도 이외의 로마 영토.

시리아, 이집트 등과 지중해를 중심으로
서쪽으로는 지브롤터 해협부터 동쪽으로는
소아시아에 이르기까지

방대한 로마권 벨트를
만들어 실로 엄청난 영향력을
행사하게 되었지.

와하하하!

ㄱ그게 아냐...

로마는 두 번이나 전쟁에 승리해
점점 성장하고 있었지만,

무슨 걱정이라도
있으십니까?

카르타고의 잠재력은 여전히 로마를
불안하게 했어.

카르타고를
우습게 보면 안 돼.

카르타고가 언제 다시 정비해
쳐들어올지 모르는 불안한 상황에서

너 뒤에
그거 뭐야?

아무것도
아냐.

로마

카르타고

로마가 손을 뻗은 곳은 카르타고의 옆에 있던
누미디아였어.

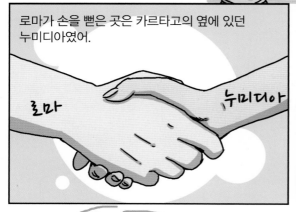

로마

누미디아

누미디아는 로마를 등에 업고 카르타고의 영토를
침범하며 카르타고를 도발했어.

누미디아

카르타고

카르타고는 로마의 허락을 받아야만
군사행동을 할 수 있다는 항목 때문에

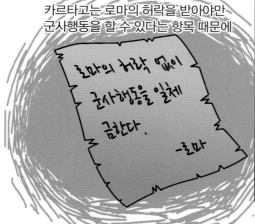

로마의 허락 없이
군사행동을 일체
금한다.
-로마

누미디아의 도발에 적절한
대응을 할 수 없었지.

덤벼,
이 겁쟁이들아!

하지만 카르타고는 누미디아의
도발을 더 이상 참지 못하고 결국
군사를 동원했는데,

군사들을
집결하라!

짝!!

로마는 기다렸다는 듯이 즉시 군대를 보내 카르타고를 위협했어.

눈엣가시인 카르타고를 완전히 해체시키겠다는 로마의 계획이 시작된 거야.

로마는 조사단을 파견하고 다음과 같은 요구사항을 전했어.

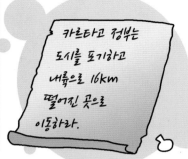

바다를 주 무대로 살아가는 카르타고에게 내륙으로 이동하라는 요구는 사형선고나 다름없었어.

그래서 카르타고는 최후의 결전을 벌이지.

이것이 기원전 149년에 시작된 3차 포에니 전쟁이야.

어려운 전쟁이 될 것이라는 걸 안 카르타고인들은

식량을 모으고 창과 칼을 만들고 투석기와 함선을 제작했고,

쉽게 이길 줄 알았던 로마는

무려 3년간 이어진 카르타고의 항쟁에 당황했지.

하지만 기원전 146년 봄에 결국 카르타고는 함락됐고,

로마군은 함락 후 17일 동안 카르타고의 모든 것을 파괴하고 약탈하며,

야호~.

흐흐흑……

살아남은 카르타고인은 모두 노예로 팔아 버렸어.

빨리 가!

찰싹!! 찰싹!!

아름다운 지중해 도시는 매캐한 연기와 시체 타는 냄새로 가득했다고 해.

로마는 더 이상 카르타고가 재기할 수 없도록 카르타고의 모든 땅을 평지로 만든 후 그 자리에 소금을 뿌려

더 이상 사람이 살 수 없는 땅으로 만들어 버렸어.

너무들 하네.

지중해를 누비며 뛰어난 항해술과 해외무역으로 화려한 꽃을 피웠던 카르타고는

세 차례의 포에니 전쟁으로 완전히 사라졌지.

뿅!!

카르타고

반면 로마는 마침내 지중해를 '자신들의 바다(Mare Nostrum)'로 만들었고,

마레 노스트룸(Mare Nostrum): '우리들의 바다'라는 뜻으로, 특히 고대 로마인에게 지중해를 뜻한다.

세계 최대 제국으로의 첫발을 힘차게 내딛게 됐어.

로마

전쟁은 이렇게 역사의 흐름을 바꾸기도 하고 새로운 흐름을 만들기도 해.

하지만 포에니 전쟁이 로마에게 무조건 좋은 결과만 가져왔던 건 아니야.

언젠가 로마도 같은 운명에 직면하게 될 것이야.

스피키오

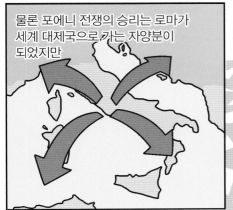

물론 포에니 전쟁의 승리는 로마가 세계 대제국으로 가는 자양분이 되었지만

그 내부에는 심각한 사회적 문제가 자라고 있었거든.

100여 년에 가까운 계속된 전쟁으로 사회는 피폐해졌고,

죽여라!   죽여라!

지금까지 로마를 지탱해 온 국가에 대한 봉사, 희생, 명예 등 소중한 가치가 사라졌지.

안 돼!

희생   명예   봉사

이렇게 전쟁에는 두 얼굴이 숨어 있고,

이것이 바로 우리가 전쟁에 대해 고민해야 할 이유란다.

문학은 평화를 이야기한다!

옛날부터 전쟁은 문학 작품의 중요한 소재가 되어 왔어요. 전쟁터에서 일어나는 많은 사건과 그 속에서 펼쳐지는 다양한 인물들의 행동이 작가들에게 많은 흥미를 주었기 때문이지요. 덕분에 우리는 많은 작품을 읽고 전쟁 속 삶의 모습을 간접적으로 경험하거나 등장인물들의 사고와 행동에 공감하기도 해요.

트로이의 목마. ⓒRadomil

호메로스의 『일리아스』를 보며 신과 인간의 이야기가 녹아 있는 트로이 전쟁을 경험하기도 하거나, 나관중의 『삼국지연의』를 보며 수많은 난세의 영웅들이 펼치는 지략 대결에 몰입하기도 하지요. 때론 우리 고전 소설 중 『임진록』과 『박씨전』, 『임경업전』 등을 읽으며 임진왜란과 병자호란 등에서 당한 치욕을 소설에서나마 복수하는 통쾌함을 느끼기도 해요. 이야기를 읽는 동안 우리는 주인공이 되어 전쟁터를 누비기도 하지요.

에리히 레마르크(Erich Maria Remarque)가 쓴 『서부전선 이상 없다』라는 소설이 있어요. 사실 이 작품의 제목에는 매우 날카로운 아이러니와 반전이 들어 있는데, 읽고 나면 너무나 안타깝고 허무한 마음으로 씁쓸하기까지 합니다.

제1차 세계대전 소식으로 떠들썩한 독일의 어느 작은 도시에 있는 고등학교에서, 열아홉 살의 파울은 급우들과 함께 군에 자원입대합니다. 그들은 10주간의 훈련을 마치고 서부전선에 배치되는데, 격렬한 전투가 계속되는 동안 파울의 급우들은 차례차례 총탄을 맞고 쓰러집니다. 그러던 중 파울은 교회 부근의 전투에서 젊은 프랑스 병사를 죽이게 되죠. 이것은 서로에 대한 원한이나 증오 없

이 그저 전쟁의 광란 속에서 공포에 사로잡혀 상대를 죽인 것으로, 이때 파울은 죽은 병사의 주머니에서 나온 그의 가족사진을 보고 전쟁에 대한 회의를 느끼게 됩니다.

오랜만의 쾌청한 날씨, 게다가 전투는 소강상태인 어느 날, 병사들은 전쟁 중이라는 것도 잊고 누군가가 부는 하모니카 소리에 귀를 기울입니다. 이때 파울은 눈 앞에서 날고 있는 나비를 평화라고 생각하며 참호에서 몸을 일으키는데, 그 순간 저격병의 총격에 전사하게 됩니다.

그날 전선은 하루 종일 조용했습니다. 전선 사령부는 이때 본국에 이렇게 전문을 보냅니다.

'서부전선 이상 없다.'

이 작품은 우리에게 '전쟁은 개인을 파괴할 뿐이며 일어나서는 안 될 가장 무서운 것'이라는 사실을 알려줍니다. 이 소설에는 정치나 장군들의 모습이 아니라 전쟁에 어쩔 수 없이 끌려간 평범한 사람의 입장에서 '전쟁이란 무엇인가'에 대한 질문을 던지고 있습니다.

문학 작품은 전쟁을 통해 파괴되는 사람들의 모습을 보여주며 우리에게 평화의 소중함을 일러주고 있습니다. 문학이 평화를 이야기하는 것은 우리가 전쟁을 통해 잃어버린 소중한 가치를 되찾아야 한다는 메시지를 전달하고자 함입니다.

『서부전선 이상 없다』 초판 표지.
ⓒH.–P.Haack

3장 중세를 종결시킨 십자군 전쟁

전 세계에는 기독교, 불교, 이슬람교 등 세계 3대 종교로 불리는 것 외에도

수많은 종교들이 있어.

힌두교 시크교 자이나교
사머니즘 신토 유교
배화교 도교

그만큼 종교가 인간의 생활과 상당히 밀접하다는 얘기지.

이력서
이름 : 홍길동
나이 : 26세
종교 : 기독교

종교는 오래전부터 우리의 삶에 깊숙이 영향을 끼쳐 왔고 앞으로도 그럴 거야.

종교를 갖는 궁극적인 이유는 행복을 얻기 위해서인데,

하나님, 부처님, 이번 시험에 백 점 맞게 해 주세요.

......

이런 종교의 고유 기능과는 달리 대중을 선동해서 어떤 이익을 얻으려 했다면,

천국에 가려면 돈이 필요합니다!!

?

또는 갈등을 이용해서 전쟁 같은 일에 앞장을 섰다면 어떻게 해야 할까?

저 이교도들을 죽여라!

예루살렘은 아주 오래전부터 지금까지 여러 종교의 성지로서

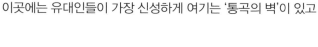

성지: 종교적으로 신성한 지역.

순례자들이 반드시 들러야 하는 매우 중요한 도시였어.

다 왔다.

순례(巡禮): 종교적 의무 또는 신앙심을 높이려는 목적으로 하는 여행.

이곳에는 유대인들이 가장 신성하게 여기는 '통곡의 벽'이 있고

통곡의 벽: 이스라엘 예루살렘 서쪽 성벽 일부의 명칭으로 두 가지 유래가 전해진다. 하나는 예수가 죽은 뒤 로마군이 예루살렘을 공격하여 많은 유대인을 죽였는데, 이 같은 비극을 지켜본 성벽이 밤이 되면 통탄의 눈물을 흘렸다는 설에서 유래된 것이고, 다른 하나는 유대인들이 성벽 앞에 모여 성전이 파괴된 것을 슬퍼했기 때문에 붙여진 이름이라는 설이다.

예수 그리스도가 묻힌 '성묘교회'를 비롯해

이슬람교를 창시한 모하메드가 승천했다고 전해지는 '오마르 모스크' 등이 있어서

오마르 모스크(Mosque of Omar): 지붕이 황금으로 되어 있어 '황금 사원'이라고도 한다.

그야말로 성지 중의 성지였다고 할 수 있지.

그래서 3세기 이후부터 십자군 전쟁 이전까지 예루살렘의 통치자가 누구든

성지 순례는 보호와 존중을 받는 것이 관례였는데

성지 순례

문제는 이것이 깨지면서 시작되었어.

당시 서유럽의 서쪽에는 프랑스와 신성 로마 제국 등이 있었고,

동쪽에는 비잔틴 제국이 자리를 잡고 있었어.

그리고 지금의 시리아와 소아시아, 이집트를 아우르는 지역에는 셀주크튀르크가 있었지.

새로운 강자로 떠오른 셀주크튀르크의 성장에 가장 위협을 느낀 것은 비잔틴 제국으로,

특히 1071년 셀주크튀르크가 소아시아 진출을 위해 벌인 만지케르트 전투에서 패배한 다음부터

로마누스 황제폐하!

그 불안은 점점 커져,

더 이상 우리 처지가 우스워지기 전에 대책이 필요해.

결국 이슬람에 공동으로 대응하자며 서유럽에 도움을 요청했어.

도와주세요.

이슬람

음?

'이교도가 예루살렘을 점령하고 순례를 막고 있으니 기독교 세계가 다 함께 힘을 합쳐 예루살렘을 되찾자'라는 명분을 내세웠지.

안 돼!

사실 비잔틴 황제 알렉시우스 1세의 요청은 과장된 것으로,

알렉시우스 1세(Alexius I, 1048년~1118년)

당시 이슬람의 통치자는 순례를 위해 예루살렘을 방문하는 것을 크게 방해하지 않았다고 해.

어서……

오세요~.

하지만 힘이 강해진 셀주크튀르크를 비잔틴 제국이 홀로 감당하기에 버거워지자

셀주크 튀르크

비잔틴

외부의 힘을 빌려 적을 막아 보려고 했던 거야.

셀주크 튀르크

영차!

영차!

아무튼 그 지원 요청을 교황 우르바누스 2세가 받아들여

우르바누스 2세(Urbanus II, 1042년경~1099년)

십자군 전쟁이 시작되었지.

1095년 프랑스의 중부의 도시 클레르몽에서 열린 종교회의에서 교황은 많은 사람들에게 이렇게 말했어.

"예루살렘이 이교도들에게 짓밟히고 있고 순례자들이 박해를 받고 죽어 가고 있으니 모두의 힘을 합쳐 예루살렘의 이교도들을 몰아내자! 이것은 하나님의 뜻을 받들어 수행하는 거룩한 전쟁이며 전쟁에 참가하는 기독교 전사들은 모두 죄를 사면 받고 천국에 갈 수 있을 것이며 영광스럽게 전사해도 순교자가 될 것이다."

교황의 연설을 들은 수천 명의 사람들은 전쟁을 벌이기 위해 예루살렘으로 출발했지.

와~아

그런데 과연 십자군 전쟁이 교황의 말처럼 순수한 종교적 목적의 전쟁이었을까?

사람들에게 사랑과 평화에 대한
실천을 강조해야 할 교황이

전쟁을 선동한다니 의문이 생길 거야.

사실 십자군 전쟁은 유럽 사회의
종교적 · 정치적 · 경제적 문제가
결합된 종합 세트였어.

십자군
전쟁

종교적

정치적   경제적

참가한 사람들도 교황에서부터 각국의
왕, 영주, 기사, 상인, 농부에 이르기까지
다양했고, 참가 목적도 제각각이었지.

교황의 경우 성지를
되찾겠다는 목적보다

성지다!

비잔틴 제국의 그리스 정교회를
로마 교회로 통합시켜

뭘 이런 걸 다.

비잔틴

그리스
정교회

자신의 권위와 능력을 높이고 황제의 힘보다 교황의 힘이
강하다는 것을 보여 주려는 목적이 더 강했어.

왕이나 영주, 기사 계급 또한 이슬람의
영토를 정복해서

로마 가톨릭교 세력권
그리스 정교 세력권
이슬람교 세력권

자신들의 영역을 확대하고 토지를
넓히는 등 전리품을 획득하는 데
주로 관심이 있었어.

와하하하!

당시 유럽은 인구가 증가하고 경작할
토지가 부족해 골치였는데,

땅이
부족해요!

토지가
필요해요!

유럽

아이를 다섯이나
낳았어요!

이런 갈등을 해결해야 하는
시점에 교황이 십자군 원정을
제의한 거야.

넓은 토지와 재산을
늘릴 수 있는 기회를
드리지요.

유

으잉?

상인들은 전쟁을 이용해서 지중해 교역권을 따내 한몫 챙기겠다는 목적이었고,

이번 전쟁을 이기면 더 큰 시장으로 나갈 수 있어!

장원에서 일만 하며 희망 없는 생활을 해 온 농부들에게 전쟁 소식은 자유를 향한 한줄기 빛이었어.

장원: 봉건사회의 경제적 단위를 이루는 영주의 토지 소유 형태.

전쟁에 참가하면 죄를 용서받을 수 있고, 죽어서도 천국에 갈 수 있다고 했거든.

에이~ 말도 안 돼.

이렇듯 십자군 전쟁은 당시 복잡하게 얽혀 있던

면제권
자유
권위
토지
교역
인구증가

유럽의 문제를 한 번에 해결할 수 있는 좋은 기회였어.

면제권
자유
토지
권위
인구증가
교역

가슴에 십자가를 새기고 성지를 회복하자고 외쳤지만,

예루살렘을 되찾자!

실제 전쟁의 목적은 그렇지 않았던 거지.

거짓말쟁이들!

에고 들켰네

평화를 위해 전쟁을 선택한다는 논리는 옳지 않아.

그렇지만 내부 문제를 해결하기 위해 전쟁을 이용한 사례는 인류의 역사를 통해 많이 찾아볼 수 있어.

물론 현재까지도 말이지.

교황은 출정 날짜를 이듬해인 1096년 8월 15일로 정하고

8월 15일 ~♪

각 지역의 왕과 영주들에게 전쟁 참가를 호소하는 등 홍보 활동에 주력했어.

그 예루살렘 되찾기 설명회

교황의 열성적인 연설과 호소에 많은 사람들이 몰려들었는데

형님, 오랜만이에요~.

그러게. 너도 있었냐?

대부분은 신에 대한 믿음만으로 승리할 수 있다고 믿는 농민들이었지만,

하나님 만세!

하나님 만세!

이들 중에는 약탈자나 투기꾼의 무리들도 있었지.

아따~ 작작 좀 질러대쇼!

다양한 사람들이 서로 다른 목적으로 몰려든 거야.

그런데 이들은 사실 군사 훈련을 받지 않은 사람들이었어.

전쟁에 대한 아무런 준비도 없이 그저 십자가가 그려진 하얀 가운만을 걸치고 기세 좋게 동쪽으로 이동했지.

이른바 민중 십자군이라 불리운 이들은 점차 본색을 드러내,

들르는 곳마다 약탈과 방화를 저질러 그 피해가 이루 말할 수 없을 정도였어.

전쟁을 하기 전 식량이나 무기, 보급품 등을 충분히 준비하지 못했으니 당연한 결과였지.

이게 끝이라고?

심지어 일부는 콘스탄티노플에 도착조차 하지 못했어.

여기서 쓰러지면 안 돼.

하지만 프랑스 귀족들을 중심으로 구성된 1차 십자군의 본진은

1096년 가을, 콘스탄티노플에 도착했고,

콘스탄티노플

마르마라 해

1097년 니케아에서의 승리를 시작으로,

1098년에는 에데사와 안티오크를 함락하고 시리아를 정복하는 등의 성과를 거두며 1099년 7월, 마침내 예루살렘을 점령하는 데 성공했어.

예루살렘을 정복했다!

이들은 예루살렘에 도착하자마자 그리스도의 이름으로 성지를 회복하겠다는 숭고한 목적은 잊고

솔로몬 궁이다!

솔로몬 궁에 침입하여 온갖 보물을 약탈하고 부녀자, 노인, 유아, 심지어 같은 기독교도들까지 무자비하게 학살했다고 해.

까악!! 으아!! 으악!!

그 후 1차 십자군은 이 지역을 예루살렘 왕국을 비롯한 4개의 왕국으로 분할하여 통치하기로 결정했어.

1차 십자군 전쟁은 성지 회복이라는 최초의 목적을 이룬 전쟁으로 기록되었지만

이것은 200년간의 십자군 전쟁 중 처음이자 마지막 승리였단다.

이후 내부의 분열을 수습하고 세력을 모은 이슬람 세력의 등장으로

다시 전쟁이 벌어지게 되었거든.

1144년 이슬람의 지배자가 예루살렘의 4개 왕국 중 에데사를 점령하자

유럽에서는 2차 십자군 원정대가 구성되어 위기의 예루살렘을 구원하고자 했어.

하지만 예루살렘을 구원하기는커녕 도중에 2차 원정대 내부에 충돌이 생겨

이쪽으로 가야 해!

웃기지 마, 여기야!

결국 이슬람군에게 패하고 곧 해체되는 운명을 맞게 되지.

아자!

……

이러는 사이 이슬람권에서는 훗날 위대한 왕이자
최고의 지도자로 추앙받는
살라딘이 등장하는데

살라딘(1137년~1193년)

살라딘은 북아프리카에서부터 메소포타미아에 이르는 엄청난
영토를 이슬람 제국으로 통일하고

이슬람 제국

기세를 몰아 1187년 하틴 전투에서 이김으로써 88년 만에
예루살렘을 되찾았지.

이게
얼마만이냐!

그리고 바로 이것이 3차 십자군 원정을
유발하는 계기가 되었어.

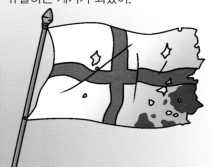

여기서 우리가
눈여겨봐야 할 것은

살라딘의 예루살렘 정복 과정이야.

이런 전쟁은
옳지 않아.

1차 십자군이 예루살렘을
장악하며 많은 사람들을
잔인하게 죽인 것과는 대조적으로

살라딘은 그곳을 방어하던 기독교인들과
협상을 벌인 끝에 예루살렘을 되찾았어.

우리가 굳이 피를
흘릴 필요가 있을까?

살육과 파괴를 일체 금지했고 포로들은 몸값만 받고
풀어 주었으며 유대인들에게는 교회를 돌려주기까지 했어.

감사합니다~

그야말로 승자의 자비심이 무엇인지
보여 준 셈이지.

자비의 끝을
보여 준다고나
할까?

자비王

적군이었던 십자군조차도
살라딘에 대해

살라딘에 대해
어떻게 생각해?

'고귀한 적'이라고
말하며 존경의 뜻을
표했고,

하하하

중세 이탈리아의 시인 단테는 그의 작품
『신곡』에서 소크라테스, 플라톤 등 희대의
위인들과 함께

내가 쓴 거야.

신곡

'최소한의 벌을 받는 고결한 이교도'로 살라딘을
등장시켰어.

당신은
내가 인정!

이슬람교의 경전인 코란에는 "관용을 베푸는 자 중에서 선을
행하는 자를 신은 사랑하심이라."라는 구절이 있다고 해.

한편 유럽에선 1188년 예루살렘을 되찾기 위해
3차 십자군 원정군을 파병했어.

예루살렘을
저들에게 넘겨줄
수 없습니다!

버럭!!

지난 번 원정이
귀족 중심이었던
것과는 달리
3차 원정은

……

신성 로마 제국의 황제 프리드리히 1세, 프랑스의 왕 필리프 2세,
그리고 영국의 왕 리처드 1세 등이 총출동하여

'왕의 십자군 전쟁'이라 불리기도 하지.

그런데 명성에 비해 이들의 결과는 그리 좋지 않았어.

왜요?

프리드리히 1세는 강을 건너다 익사했고,

....!!

뽀글

뽀글

필리프 2세는 원정 도중 갑자기 귀국해 버렸지.

나는 돌아갈래. 힘들어.

결국 3차 십자군 전쟁은 '사자왕 리처드'로 알려진 영국의 국왕 리처드 1세와 살라딘의 전쟁이 되었어.

VS

그 후 리처드 1세는 1년 여 동안 살라딘과 여러 차례 접전을 펼쳤지만

결과는 그리 신통치 않았고,

계속 피해만 늘고 있어. 역시 협상밖에 없겠어.

결국 양측은 예루살렘을 이슬람의 통치하에 두되

예루살렘

비무장 순례자들의 예루살렘 방문을 허락한다는 협상을 맺고 3차 원정의 막을 내렸지.

....

3차 십자군 원정 역시 목적지인 예루살렘 근처에 가 보지도 못한 채 실패로 끝난 셈이야.

좀 허무하네요.

1204년 교황 인노켄티우스 3세가 주도한 4차 십자군은 너무나 추해 오늘날 기독교 역사에 큰 오점으로 기록되었어.

내 의도와는 상관없는 일이야.

……

4차 십자군 원정대는 이슬람 세력의 거점부터 공격하기 위해 이집트로 향했는데,

가장 큰 문제는 바로 부족한 원정 비용이었어.

전쟁도 돈이 있어야 하지. 에휴.

탈탈

유럽에서 십자군 원정의 열기가 예전 같지 않았기 때문에 원정 비용을 모으기가 쉽지 않았거든.

뭐야, 또 전쟁이야?

이번엔 별로 내키지 않는데.

이들을 후원하기로 한 베네치아는 십자군에게 은밀한 제안을 했어.

도와주는 대신 조건이 있어.

베네치아

인근의 헝가리 왕국을 공격하여 전쟁 비용의 부족한 부분을 채우자는 거였지.

헝가리

베네치아

저기에서 돈을 구하자!

십자군에게 성지 회복이라는 애초의 목적은 사라지고

내가 여길 왜 가고 있는지 모르겠어.

이득이 된다면 수단과 방법을 가리지 않게 되어 같은 기독교 국가를 공격하는 상황까지 벌어지게 된 거야.

그 돈 내놔!

안 돼! 이건 헌금이야!

결국 교황이 같은 기독교 국가를 공격한 십자군 원정대 모두를 파문했지만

너희들이 그러고도 십자군이냐? 다 파문이야!

파문: 신도로서의 자격을 빼앗는 일.

이미 교황의 통제력은 힘을 잃은 상태였고,

그러시든가. 우린 상관없어.

원정군은 이집트가 아닌 비잔틴 제국의 수도 콘스탄티노플로 말머리를 돌렸지.

콘스탄티노플

이미 이들은 하나님의 영광을 위해 일어선 십자군이 아니었어.

앞으로 돌격!

콰 직

닥치는 대로 죽이고 약탈하고 부수는 십자군을 신의 군대라고 할 수는 없지 않겠어?

이게 뭐야?

아아~ 안 돼요!

가진 거 다 내놔!

이때 이들이 콘스탄티노플에서 챙겨 간 금이 무려 5톤에 달한다고 해.

5t!!

히익~!!

그리고 엉뚱하게도 비잔틴 제국에 라틴 제국을 건국한 후 아예 눌러앉아 버렸어.

라틴 제국

라틴 제국: 1204년 4차 십자군이 콘스탄티노플을 점령한 후 세운 국가로 경제상의 실권은 베네치아인이 장악하였다.

결국 4차 십자군 원정은, 비잔틴 제국의 멸망을 재촉하는 엉뚱한 결과를 낳았고,

엉

비잔틴

기독교와 그리스 정교간 갈등이 더욱 심해지는 계기가 되었지.

기독교

흥!

사건이 발생한 지 800년이 흐른 2001년, 교황 요한 바오로 2세가

4차 십자군 원정대가 그리스 정교회에 저지른 만행을 사과하면서 두 종교간 화해가 이루어졌어.

4차 십자군의 더욱 어이없는 부분은 바로 소년 십자군이야.

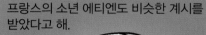

1212년 독일의 소년 니콜라스는 "죄 없는 소년들이 출정을 하여 성지를 탈환하라."라는 계시를 받았고,

프랑스의 소년 에티엔도 비슷한 계시를 받았다고 해.

이런 이야기에 독일과 프랑스 각지에서 성지 탈환을 목적으로 소년소녀 수만 명이 모여 원정대를 조직했고,

교황 인노켄티우스 3세가 이들의 행동에 감동을 받아 지원을 했지.

고맙다.

고맙다.

하지만 연약한 아이들이 그 험난한 전쟁의 여정을 어떻게 견뎌낼 수 있겠어?

결국 이들의 원정은 너무나 비참하게 끝나고 말았어.

왜요?

이들의 대부분은 전쟁터에서 죽거나, 굶어 죽거나, 배가 난파되어 죽어 갔고

심지어는 나쁜 상인에 의해 이집트의 알렉산드리아에 노예로 팔려 가기도 했는데,

다행히 일부는 그곳 이슬람 지도자가 관용을 베풀어 다시 고향으로 돌아오기도 했어.

감사합니다!

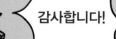

철컥!!

독일의 유명한 동화인 『하멜른의 피리 부는 사나이』가 바로 이 소년 십자군을 다룬 이야기라는 설도 있지.

『하멜른의 피리 부는 사나이』: 독일의 하멜른이란 동네에 많은 쥐들이 들끓고 있었는데, 어느 날 낯선 사나이가 돈만 주면 쥐를 몰아내 주겠다고 말한다. 사나이는 피리를 불어 쥐들을 모두 쫓았으나 마을 사람들이 돈을 주자 않자, 이번에는 피리로 마을의 어린이들을 산속 동굴로 유인하여 동굴 문을 닫아 버렸다.

소년 십자군은 전쟁이라는 나쁜 놀음에 희생당한

불행한 역사의 한 페이지라고 할 수 있지 않을까?

거의 200년에 가까운 기나긴 시간 동안 일곱 차례나 시도된 십자군 원정은

동원된 인원만 무려 700만 명에, 그중 200만이 넘는 인구가 사망한 끔찍한 전쟁이야.

이 전쟁을 한마디로 평가하기는 어렵지만

예루살렘의 탈환이라는 원래의 목적에서 보면 분명 실패한 전쟁이야.

안 돼!

예루살렘

두둥실~

하지만 이후 유럽은 큰 변화를 겪게 돼.

유럽

정치적으로는 교황의 지위가 땅에 떨어졌어.

말 한마디로 십자군 전쟁을 벌일 정도로 막강한 권력을 갖고 있던 교황이었지만,

원정의 참담한 실패로 교황의 권력은 약화되었고,

직접 전쟁을 치른 영주나 기사 계급도 몰락했고,

결국 왕의 권한과 영향이 강해지게 되었어.

강력한 왕권을 바탕으로 한 중앙집권국가가 등장할 수 있는 바탕이 되었지.

경제적으로도 아주 큰 변화가 있었어.

유럽과 이슬람의 교류가 이루어지면서 자연스럽게 동서간의 무역이 발달하고 도시들도 함께 성장했어.

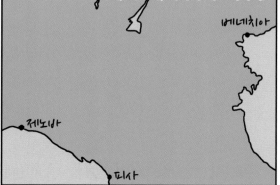

이탈리아의 베네치아, 제노바, 피사가 대표적이지.

동서 무역으로 유럽인들에게 설탕, 후추, 수박 등의 식품에서부터 양탄자, 비단 등에 이르는 상품들까지 다양한 동방의 문화가 전해졌지.

가장 중요한 건 동방의 문화 유입이
유럽에 큰 자극제가 되었다는
사실이야.

그리스 로마 이후 한동안
암흑기를 거쳤던 유럽의 예술이

이슬람의 과학, 철학, 의학, 화학,
천문학 등과 비잔틴의 문화가
만나 새롭게 변화하게 되었지.

이것이 유럽의 문예부흥기인 르네상스를 여는 기초가 된 거야.

르네상스(Renaissance): 르네상스는 학문 또는 예술의 재생, 부활이라는 의미로 중세와 근대
사이(14~16세기)에 서유럽 문명사에 나타난 역사 시기와 그 시대에 일어난 문화운동을 말한다.

십자군 전쟁은 추진 과정에서 많은
어려움과 문제가 있었고,

또 안타까운 희생을 치른 끔찍한
전쟁이지만

결과적으로 유럽은 이 사건을 계기로
중세라는 암흑기에서 벗어나

새로운 세계를 향해 나아가게 되었다는 것을 기억하도록 해.

야만의 무덤 위에 핀 작품들

화가가 그린 한 장의 그림은 수천, 수만 마디의 말보다 설득력이 있어요. 그림 속에 표현된 여러 의미들은 보는 사람에 따라 다양하게 해석될 수 있기 때문에 다소 주관적일 수도 있지만, '예술 작품은 인류의 보편적인 언어'라는 말처럼 그림을 보면서 타인과 대화를 나눌 수 있답니다.

케테 콜비츠의 〈전쟁은 이제 그만〉 (1924년작).

이 작품은 제1차 세계대전이 끝난 후 독일의 거리 곳곳에 붙어 있던 반전 포스터입니다. 전쟁으로 도시는 폐허로 변했고 사람들은 점점 무섭게 변해 갔어요. 화가는 이런 세상에 대해 큰소리로 외치고 싶었던 거예요.

"전쟁은 이제 그만!"

그림 속 청년의 입을 통해 화가는 전쟁이 가져다준 불행과 고통에 침묵하지 말고 함께 외치자는 거예요. 단순해 보이면서도 강렬한 느낌을 주는 이 그림은 전쟁 반대를 외치는 청년의 결연한 모습이 인상적으로 보이는 작품이지요.

독일의 대표적인 반전 작가 케테 콜비츠(Kathe Schmidt Kollwitz)는 이렇게 인간의 욕심에 의해 자행된 가장 잔인한 행위인 전쟁을 이제는 그만하자고 관객들을 향해 말을 걸고 싶었던 겁니다. 실제로 그녀는 제1차 세계대전 당시 아들이 전사하는 아픔을 겪은 후부터 본격적으로 전쟁을 소재로 한 작품 활동을 했다고 해요. 자신의 불행이 곧 모든 어머니들의 불행이라고 생각한 케테 콜비츠는 불행한 시대에 대한 분노와 절망을 인간에 대한 사랑으로 승화시킨 것으로 평가되고 있어요. 그래서 그녀를 일컬어 '인류의 어머니 화가'라 부른답니다.

또 다른 작품으로 스페인 출신의 세계적 화가인 피카소(Pablo Picasso)의 〈게르니카〉가 있어요. 1937년 스페인의 작은 도시 게르니카에 독일군 폭격기가 3시간 동안 32톤의 폭탄을 투하하여, 마을은 폐허로 변하고 주민들도 기관총으로 집단 사살까지 당합니다. 당시 스페인은 독재자 프랑코와 공화파 사이에 끔찍한 내전이 벌어지고 있었어요. 프랑코를 지지하던 독일의 히틀러는 프랑코를 도울 겸 독일이 개발한 무기들을 테스트할 겸 이런 만행을 저질렀다고 해요. 고국에서 일어난 끔찍한 사건을 접한 피카소는 한 달 반 만에 벽화를 완성하여 전 세계에 비인간적인 만행을 고발하는데, 그것이 바로 〈게르니카〉입니다.

그림 속에서 황소와 말은 만행에 희생된 스페인 국민을, 흑백의 색은 죽음과 슬픔의 비극성을, 왜곡되고 뒤틀린 형상들은 전쟁의 참혹상을 나타내며, 비명을 지르는 듯 입을 벌리고 있는 모습은 그림 속에 등장하는 사람들과 동물들이 느끼는 공포와 고통을 의미한다고 해요. 이런 느낌을 가지고 작품을 보면 그림 속에 담긴 의미를 좀 더 쉽게 이해할 수 있을 거예요.

전쟁의 결과는 정말 비참합니다. 수많은 사람들이 죄 없이 죽고, 애써 이룩한 삶의 터전이 파괴되는 전쟁은 인간의 가장 야만적인 행동입니다. 화실을 벗어나 세상 밖으로 나온 화가는 세상의 아픔을 함께하고 위로하며, 전쟁을 잊지 않기 위해 우리들에게 경고를 보냅니다. 전쟁이라는 야만의 무덤 위에 핀 단 한 점의 그림이 강렬하게 사람들의 마음을 움직이고 세상을 변하게 하는 것이지요.

20세기 대표 서양 화가
파블로 루이스 피카소.

1995년 미국의 유력 일간신문인 「워싱턴 포스트」는 지난 1,000년 동안 세계의 역사에서 가장 중요한 인물 중의 하나로

칭기즈칸을 선정했어.

칭기즈칸(Genghis Khan / 成古思汗, 1155년경~1227년)

칭기즈칸의 정복 활동이 광대한 지구를 좁게 만들어

사람들이 대륙을 넘어 서로 왕래할 수 있도록 만들었다고 분석했지.

안녕~!

칭기즈칸이야말로 진정한 '지구촌' 개념을 실천하고 완성한 장본인이라고 했어.

프랑스의 경제학자 자크 아탈리는 자신의 책
『호모 노마드(Homo Nomad)』에서

자크 아탈리(Jacques Attali, 1943년~)
노마드(Nomad): 유목민

새로운 것에 대한 도전과 변화에 민감하게
대응하는 태도와

그게 뭐냐?

요즘 유행하는
스타일이에요.

누구도 생각하지 못했던 것을 만들어 내는
창조 정신이 호모 노마드의 핵심이라고
주장했어.

자크 아탈리는 미래의 인류를 다음의 세 부류로
나누며 21세기에는 유목민적 가치관을 가진 새로운
인간들이 대거 출현하게 된다고 전망했지.

첫 번째는 근대 이후 우리 사회를 이끌어
왔던 직업군(群)인 정착민,

두 번째는 어쩔 수 없이 떠돌이가 되는
사람들을 말하는 비자발적 유목민,

세 번째는 독립적이고 창의적이고
전문적인 직업군인 자발적 유목민이야.

그렇다면 칭기즈칸은 진정한 호모 노마드형 인물이 아닐까?

내가?

그는 아시아에서 유럽에 이르는 대제국을 건설해 동서를 잇는 자유 무역 지대를 만들었고,

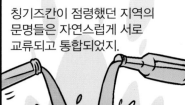

칭기즈칸이 점령했던 지역의 문명들은 자연스럽게 서로 교류되고 통합되었지.

문명

그가 개척한 길은 새로운 기술과 정보와 물자 그리고 사람들이 오고 가는 변화의 길이 되었던 거야.

안녕하십니까?

안녕하세요~.

칭기즈칸이 건국한 몽골(Mongolia)은 중국과 러시아의 중간에 위치하고 있어.

러시아

몽골

중국

정확한 명칭은 '몽골 공화국'이라고 하지.

몽골 공화국

예전에 사용했던 몽고라는 명칭은 한자로 '蒙古'라고 쓰는데,

蒙古

이 한자는 '우매할 몽(蒙)'에 '옛 고(古)'로 몽골을 비하하는 의미가 담겨 있지.

뭐가 어째?

중국에는 중국이 세상의 중심이라는 중화(中華)사상이 있어서,

중국이 최고야!

주변의 다른 민족은 오랑캐라는 뜻으로 동이(東夷), 서융(西戎), 남만(南蠻), 북적(北狄)이라 부르며 무시하고 깔봤어.

서융

북적

동이

왜 그러세요?

남만

중화(中華)사상: 중국에서 나타난 자문화 중심주의적 사상.

하지만 이 명칭들은 오히려 자신을 위협하는 존재에 대한 경계심을 표현한 것으로 볼 수도 있지.

다가오지 마!

만리장성도 북방 민족의 침입에 대한 대비책으로 쌓은 것이라 하니

이 정도라면 괜찮겠지?

이들에 대한 두려움이 얼마나 컸는지 알 수 있어.

만리장성

12세기 무렵 만리장성 남쪽에 위치한 송나라는 북방 민족의 침입으로 항상 불안해하고 있었어.

와아!!

으아아!

만리장성 북쪽에는 거란족이 세운 요(遼)나라가 위치하고 있었지.

요

그런데 여진족이 세운 금(金)나라가 점점 세력을 확장하면서 요나라를 멸망시켰고,

금

당시 몽골족은 타타르, 나이만, 메르키트, 케레이트 등 수십 개의 부족이 패권을 차지하기 위해 끊임없이 충돌하고 있었어.

우와아악!

몽골

이후 송나라마저 남쪽으로 몰아내 중국 본토의 새로운 지배자가 되었어.

만세~!!

그런데 사실 이러한 부족 간의 갈등은 금나라에서 의도한 거야.

초원을 누비고 다니는 용맹한 부족인 몽골족이 뭉친다면 그 힘이 엄청날 것이라 생각해 그들을 이간질한 거지.

금나라의 이런 의도는 제대로 적중해 몽골의 부족들은 그들끼리의 다툼으로 세월을 보내고 있었어.

이때 바로 칭기즈칸이 혜성처럼 나타나

분열된 부족을 통일하고 세계 대제국 건설이라는 대업을 이루었지.

그의 어린 시절 이름은 테무친(鐵木眞)이야.

테무친은 족장의 아들로 태어났지만 유년기의 삶은 평탄하지 않았어.

그가 아홉 살 되던 해에 아버지가 부족 간의 갈등으로 타타르족에게 독살 당했고,

테무친은 초원으로 쫓겨나 굶주림과 싸웠고 다른 부족의 용병이 되었다가 포로가 되어 탈출하는 등 온갖 고난을 겪었어.

그러나 이런 불행은 오히려 그에게 생존 경쟁에서 살아남는 법을 가르쳐 주었고, 그를 몽골의 너른 초원을 호령하는 전사로 만들어 주었지.

테무친은 아버지와 의형제를 맺었던 케레이트족의 토그릴 완 칸을 찾아가 도움을 요청했어.

어서 와라~.

그리고 이때부터 테무친은 완 칸의 세력을 이용해서 점차 자신의 힘을 키워 나갔지.

전쟁으로 여러 부족들을 하나하나 무릎을 꿇게 만들며 몽골족 통일이라는 야망을 드러냈어.

테무친의 세력이 성장하자 그의 곁으로 사람들이 모여들기 시작했어.

테무친!

테무친!

저희를 거두어 주십시오!

테무친이 보여 준 모습은 이전의 지도자들과는 너무나 달랐기 때문이야.

이번 전쟁의 전리품들입니다.

이게 전부?

테무친은 개인적인 약탈을 금지하고 전쟁으로 빼앗은 전리품을 공정하게 배분해

난 이거면 돼. 나머지는 나눠 가져.

그를 도와 전쟁에 참여한 사람들을 만족시켰지.

테무친!

테무친!

테무친!

마침내 1189년 자신을 따르는 여러 부족을 통합하는 회의에서 새로운 지도자로 추대되었어.

이곳에서 여러 부족의 지도자들은 테무친에 대한 충성과 부족의 통일을 맹세한 푸른 호수의 서약을 하게 되는데,

테무친이 꿈꾸던 원대한 미래, 즉 몽골 제국을 향한 첫걸음이 시작된 거지.

테무친은 강력하고 신속하고 잔인하기까지 한 기병의 힘을 바탕으로 세를 늘리기 시작했어.

어릴 적 친구이자 라이벌인 자무카와의 대결에서 승리를 거두었고,

자신의 아버지를 죽이고 부족을 와해시킨 타타르족을 전멸시키다시피 했지.

아버지의 원수!

그리고 지금까지 자신에게 그늘을 만들어 주었던 토그릴 완 칸의 군대도 평정했어.

이후 자무카와 연합한 나이만족을 물리치며 명실상부한 몽골 초원의 실력자로 등극했어.

흠······.

마침내 1204년 몽골 부족의 통일이라는 대업을 완성한 테무친은 1206년 마침내 전체 몽골족 부족장 회의인 쿠릴타이에서 공식적으로 칭기즈칸이란 칭호를 받았어.

칸은 군주의 칭호이고, 칭기즈칸은 '가장 위대한 군주'라는 뜻이야.

와하하하!

내가 왕 중의 왕이다!

쿠릴타이(Khuriltai): 몽골인을 비롯한 북방 유목민 사이에 옛날부터 내려온 합의제도.

이렇게 예케 몽골 울루스(대몽골제국)가 탄생되었고,

칭기즈칸은 몽골 초원의 절대적인 힘을 가진 지배자로서

나 칭기즈칸이 새 시대를 열 것이니!

그를 따르는 전사들에게 이렇게 말했어.

해가 뜨는 곳에서 해가 지는 곳까지 우리의 땅으로 만들자!

그는 본격적인 정복 활동에 앞서 먼저 내부를 정비했지.

기존의 혈연 중심의 조직은 부족에 충성을 다하는 형태였기 때문에

역시 아무래도 우리 가족이 짱이지.

……

칸을 중심으로 대업을 이루려면 새로운 시스템이 필요하다고 생각했어.

이대로는 안 돼.

우선 동족 간 전쟁을 막기 위해 정복을 통한 영토 확장이라는 목표를 설정한 후

목표 영토 확장

신분의 귀천을 가리지 않고 능력 있는 사람에게 일을 맡기는 천호제를 통해 사회조직을 재구성하고 군사능력을 극대화했어.

오~.

어떻습니까?

천호제(千戶制): 수백의 군사를 통솔하는 지휘관 천호를 뽑는 제도를 말함. 수십의 군대를 통솔하는 백호도 있었는데, 군대를 수십, 수백 명의 단위로 조직적으로 구성해 칸의 명령에 신속히 지휘할 수 있도록 한 것이다.

그리고 전쟁 후 전리품을 공정하게 분배해 병사들의 사기를 끌어올리고

빨리 받나 늦게 받나 양은 같으니 줄을 서시오.

능력 있는 사람이면 신분의 고하를 막론하고 지휘관으로 발탁하는 열린 사고를 보여 주었지.

훌륭하다. 앞으로 네가 지휘를 해라.

감사합니다

이 칭기즈칸 리더십을 경영학의 실천 원리로 강조하는 현대 경영학자도 있어.

칭기즈칸의 리더십

또한 부족장의 자제 1만 명을 모아 천호장보다 높은 케식이라는 군사조직을 결성했는데

아들아, 대업을 이뤄야 한다.

예, 아버지.

이들은 칭기즈칸의 명령에 따라 움직이는 일종의 최정예 친위부대이자

부족장들의 반란을 미연에 방지하는 인질이 되기도 했지.

크흑!

반란은 꿈도 못 꾸지!

이렇게 톱니바퀴처럼 돌아가는 빈틈없는 시스템에 군사적으로 막강한 부대까지 갖춘 칭기즈칸은 누구도 넘볼 수 없는 강력한 통치력을 갖게 되었어.

서

금

동

송

그 첫 번째 결과이자 희생의 제물은 중국 북부 지방의 서하(西夏)야.

저요?

서하

당시 서하는 실크로드를 차지하고 동서 간 교역으로 무역의 이익을 독점하며 세력을 넓히고 있던 강국으로

위구르

요

서하

티베트

송

몽골이 서쪽으로 영향력을 확대하기 위해서는 서하를 정복하는 일이 우선이었지.

이랴!!

이랴!!

서하

서하는 한때 송, 금 등과 대등한 힘을 가질 정도의
강국이었지만,

최정예 몽골군을 당해 내지 못하고 결국
칭기즈칸의 신하가 되고 말았어.

1211년 칭기즈칸의 군대는
금나라로 말머리를 돌렸어.

여전히 금나라는 대륙의 패권을 지닌
강력한 국가였지만

칭기즈칸에게는 금나라를
정복해야 할 분명한 이유가
있었어.

금나라는 당시 유목 부족 중에서 힘이 가장 센 타타르족을 이용해서 주변 부족을 견제하곤 했는데,
그 과정에서 칭기즈칸의 아버지가 타타르족에게 독살을 당했던 거야.

즉 금나라는 몽골 민족의 원수이자 칭기즈칸 본인의
원수이기도 했던 거지.

금나라에 대한 공격은 몇 차례에 걸쳐 힘겹게
진행되었지만 포기하지는 않고,

1215년 마침내 금나라의 수도 연경을 점령했지.

와아!!

연경

칭기즈칸을 피해 수도를 옮겼던 금은 결국 칭기즈칸의 자손인 오고타이에 의해 1234년에 멸망해.

금나

한편 동방을 거의 제압한 칭기즈칸은 서쪽의 중앙아시아를 향하여 새로운 도전을 시작했어.

중앙 아시아

이때 칭기즈칸은 다양한 능력을 가진 인물들을 등용했는데 대표적인 인물이 바로 야율초재야.

그는 전쟁이 끝나면 당연히 점령지를 파괴하고 학살하던 몽골인의 의식을 바꿔 놓았으며,

안 돼!

야율초재(耶律楚材, 1190년~1244년)

세금에 대한 의식이 전혀 없던 몽골인들에게 조세제도의 중요성을 강조하는 등

나라 운영을 위해 세금이 필요합니다!

훗날 몽골 제국의 통치 방향을 설정하고 국가의 부와 평화의 기초를 닦은 인물이야.

나 아니면 이거 못 만들었지~.

몽골

"군주의 두뇌는 재상을 보면 알 수 있다."라는 마키아벨리의 말처럼,

마키아벨리

야율초재는 칭기즈칸의 몽골이 세계 제국을 건설하는 데 가장 핵심적인 역할을 한 인물이었어.

야율초재!

야율초재!

야율초재!

1218년에 시작된 칭기즈칸의 서역 원정 첫 상대는·이슬람 왕국·호라즘이었어.

처음에는 부유한 이슬람 제국과 평화적인 경제 교역을 하고자 했지만,

짐 잘 챙기고 말 잘하고 와.

네!

호라즘이 몽골의 무역사절단을 처참하게 죽이자 전쟁을 일으킨 거지.

압!

으악!

1219년 칭기즈칸은 자신의 아들인 조치, 오고타이, 차가타이와 10만 대군을 이끌고 호라즘의 도시들을 몰아치기 시작했어.

몽골 기병의 신속한 공격과 과감한 정면 돌파로

항복!

항복!

와아!!

호라즘의 도시를 하나씩 점령했으며

기술자를 제외한 모든 사람들을 잔인하게 죽이거나 노예로 삼았어.

사실 호라즘과 몽골의 전력을 비교하면 몽골의 승리는 의외의 결과였어.

뭐라고?

호라즘

쾅!

몽골군은 장거리 원정으로 인한 체력 고갈, 수적 열세 등 모든 면에서 불리했거든.

말도 안 돼!

호라즘

짜잔~

게다가 호라즘은 십자군 전쟁에 참가해 전쟁에 대한 실전 경험과 실력을 갖추고 있었고

와아

당시 이슬람은 과학 기술이 무척 발달한 상태였지.

그런데도 몽골군은 단기간에 호라즘을 멸망시켰어.

으악!

에잇!

그런 능력은 어디에서 나온 것일까?

궁금해?

여러 가지 요소가 있겠지만 첫 번째로 몽골기병의 신속한 기동력과 전투력을 들 수 있지.

초원에서 생활하는 유목민답게 몽골인들은 말을 다루는 솜씨가 남달랐어.

물어와!

휙

내가 개냐?

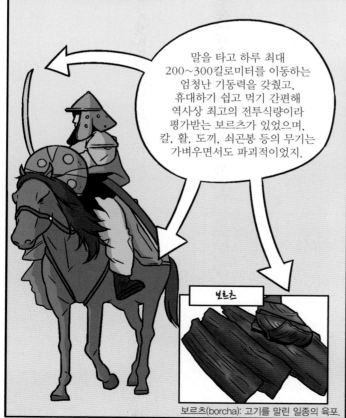

말을 타고 하루 최대 200~300킬로미터를 이동하는 엄청난 기동력을 갖췄고, 휴대하기 쉽고 먹기 간편해 역사상 최고의 전투식량이라 평가받는 보르츠가 있었으며, 칼, 활, 도끼, 쇠곤봉 등의 무기는 가벼우면서도 파괴적이었지.

보르츠

보르츠(borcha): 고기를 말린 일종의 육포.

이렇게 몽골 기병들은 효율적으로 무장한 전사들이었던 거야.

호라즘의 멸망을 시작으로 칭기즈칸의 정복활동은 그야말로 거칠 것이 없었어.

계속해서 전진!

몽골군의 기세는 남러시아를 비롯해 현재
우크라이나 남부의 크림 반도, 러시아 서쪽
볼가 강까지 나아갔어.

일부의 군사들은 지금의 아프가니스탄의 바미안을 거쳐,
페르시아와 인도 북부까지 영토를 확장했지.

그러나 대제국을 완성한 칭기즈칸도
죽음 앞에서는 평범한 인간이었어.

호라즘 원정에서 귀국한
칭기즈칸은 몽골의 정책에
비협조적이었던 서하를
멸망시키고

까불고
있어.

금을 공격하려는 즈음 출정 중에
다친 부상의 후유증으로

으아악!

1227년 66세의 나이로 생을 마감하고 말았어.

쿠릴타이에서 칭기즈칸에 추대된 후
20여 년 동안 중국 본토와

유라시아 대륙에 몽골이라는 이름의 태풍을
일으킨 영웅은 비록 영원히 잠들었지만

그의 아들과 손자들이 그의 뜻을 이어받아 이전보다
더 세차게 세계를 정복해 나갔지.

칭기즈칸의 뒤를 이은 오고타이는

1234년 금나라를 멸망시키고 수도를 카라코룸으로 옮겨 세계 제국으로서의 기초를 튼튼하게 다져 놓았어.

여기가 좋겠군.

이후 전개된 2차 서역 원정에서는 칭기즈칸의 손자인 바투가 눈부신 활약을 펼쳤는데

칭기즈칸

바투
(Batu, 1207년경~1255년)

오고타이
(Ogotai, 1186년~1241년)

모스크바, 블라디미르 등을 비롯하여 러시아 최대 도시였던 키예프를 점령했지.

이얍!

블라디미르

모스크바

키예프

이후 러시아는 250년간 몽골에 조공을 바치는 신세가 되었어.

러시아

조공

몽골

북부 러시아의 강추위도 몽골 기병의 기세 앞에서는 문제가 되지 않았던 거야.

이까짓 추위쯤이야!

휘잉

중부유럽으로 향한 바투의 원정군은 유럽 연합군과 벌인 리그니츠 전투에서

완벽한 승리를 거두면서 유럽 전역을 공포에 빠뜨렸어.

으앙~!!

몽골

으악!!

유럽

리그니츠 전투: 1241년 동유럽에 침입한 몽골군과 독일과 폴란드 등의 유럽 연합군이 벌인 전투.

1253년에도 칭기즈칸의 또 다른 손자인 몽케칸의 주도로 정벌이 이뤄졌어.

몽케칸(Möngke Khan, 1208년~1259년)

아우인 훌라구를 총지휘관으로 삼아 페르시아, 이집트, 인도의 일부 지역까지 정복하고,

페르시아
인도
이집트

1258년 바그다드를 함락시켜 500여 년의 역사를 지닌 아바스왕조를 멸망시켰어.

어느 누구도 그 기세를 꺾을 수 없을 것처럼 보였어.

아~.

몽케칸의 뒤를 이어 쿠빌라이가 칸에 올랐는데, 그는 국호를 원(元)이라 바꾸고

쿠빌라이칸

원

티베트 일대와 남송을 멸망시켜 최고의 번성기를 누리게 되지.

허허허

......

티베트   남송

이후 몽골은 권력을 둘러싼 내부의 분열로 인해 네 개의 한국(汗國)과 원으로 나뉘게 돼.

킵차크한국
오고타이한국
차가타이한국
일한국
원

지금까지 살펴본 칭기즈칸과 그의 자손들의 정복 활동을 단순하게 영토의 확장과 거대한 제국의 건설로만 본다면

칭기즈칸을 역사에서 흔히 볼 수 있는 정복 왕이나 단순히 몽골 민족만의 영웅으로 판단할 수도 있어.

저기......

누구......?

하지만 칭기즈칸을 비롯한 그의 후예들은
세계를 엄청나게 변화시켰어.

몽골 제국은 마치 거대한 용광로처럼 중국과 이슬람과 유럽 등
서로 다른 문명을 녹여내어

새로운 국제 문화, 즉 글로벌 시대를 여는 데
결정적인 역할을 했어.

유럽은 중국과 이슬람의 선진화된 문물을 받아들여
르네상스 시대를 열었어.

모든 종교의 자유가 보장되고 문화와 예술은
서로 접목되었지.

카라코룸에서 시작된 비단길과 초원길
그리고 바닷길은 동서양을 이어 주는
핏줄이 되어

국제 교역의 확대와
발전이라는 큰 흐름을
만들어 내기도 했지.

한마디로 몽골의 힘으로 만들어진 평화, 즉 팍스 몽골리카는

팍스 몽골리카(Pax Mongolica): 팍스는 '평화'라는 뜻의 라틴어. '팍스 몽골리카'는 몽골에 의한 세계적인 평화라는 뜻.

13세기 중반부터
100여 년 동안
전 세계를
하나로 통합한

평화의 시대를
의미하는 거야.

짠~!

자신의 신념을 담아
작품을 발표한 사람들

작가는 자신의 작품으로 말을 한다고 해요. 그래서 예술 작품을 살펴보면 작가의 생애와 함께 창작 당시의 시대적 상황을 잘 이해할 수 있어요. 특히 전쟁은 예술가들에게 창작의 동기와 소재 등을 주는 중요한 원천이 되기도 해요.

"인간은 패배를 위해서 만들어진 것이 아니다. 인간은 파멸 당할지언정 패배하지 않는다."

어니스트 헤밍웨이.

이렇게 멋진 말을 한 사람은 누구일까요? 이 사람은 미국 출신의 소설가로 풀리처상, 노벨 문학상 등 유명한 상을 받았고, 대표작으로 『무기여 잘 있거라』 『누구를 위하여 종은 울리나』 『노인과 바다』 등이 있는 어니스트 헤밍웨이(Ernest Miller Hemingway)랍니다. 그는 행동하는 작가로 1, 2차 세계 대전과 스페인 내전에 적극 참여했는데, 이러한 그의 경험은 작품 곳곳에 실려 있습니다. 또 자유와 평화를 옹호하고 부정과 불의에 대항하는 주인공을 통해 자신의 생각을 드러내곤 했어요. 이렇게 전쟁은 작가에게 인간의 본성과 의지, 사랑과 우정, 파괴와 창조 그리고 전쟁의 의미에 대한 진지한 성찰을 하게 하는 중요한 역할을 해 왔어요. 헤밍웨이도 자신의 작품 속에 전쟁의 무의미함과 함께 그 속에서 펼쳐지는 다양한 인간의 모습을 담아내어 많은 사람들에게 감동을 주었지요. 아마 자신이 직접 겪은 전쟁에 대한 체험이 그에게 많은 영감을 주었을 거예요. 특히 『무기여 잘 있거라』 『누구를 위하여 종은 울리나』를 읽어 보면 전쟁이 우리에게 얼마나 많은 영향을 주는지 잘 알 수 있답니다.

우리가 너무나 잘 알고 있는 작곡가 베토벤(Ludwing van Beethoven)의 일화를 소

개할게요. 베토벤의 교향곡 중 3번 〈영웅〉에는 재미있지만 고개를 끄덕이게 하는 일화가 있습니다.

구시대를 몰아내고 인간의 자유와 존엄을 부르짖으며 새로운 세상의 모습을 보여준 프랑스 대혁명은 베토벤에게 매우 특별한 음악적 동기를 부여했어요. 이때 베토벤은 나폴레옹을 존경했다고 해요. 프랑스 혁명의 중심에서 독재에 맞서는 가난한 민중들의 등불과 같은 존재로, 난관을 이겨내며 특유의 투지로 반란군을 평정하고 이탈리아 원정군 총사령관이 되어 큰 승리를 거둔 나폴레옹이야말로 프랑스 혁명의 정신적 기수

요제프 칼 슈타이어가 그린 루트비히 판 베토벤의 초상화(1820).

로 보였던 것이지요. 얼마나 나폴레옹에 대한 신뢰가 컸으면 1804년에 3번 교향곡이 완성되었을 때 베토벤은 작품의 겉표지에 '보나파르트'라고 쓰고 그 아래에 자신의 이름을 썼다고 해요. 나폴레옹에게 작품을 헌정한다는 뜻이지요. 그러나 그가 권력을 잡고 자신의 힘을 바탕으로 프랑스의 황제로 등극하자 표지를 찢었다고 해요. 베토벤은 자신이 꿈꾸는 새로운 시대, 새로운 인간, 새로운 세계에 대한 희망을 나폴레옹이라는 사람이 만들어 주기를 희망했지만, 자신이 지켜야할 공화정을 배신하고 자신이 지켜야할 정치적 신념을 포기한 채 황제의 길을 선택한 나폴레옹에게 큰 실망을 했던 겁니다. 베토벤에게 진정한 영웅이란 전쟁터에서 승리하고 이름을 날리는 사람이 아니었어요. 권력을 얻을 수 있는 힘을 포기할 수 있는 용기를 지닌 사람, 바로 이것이 진짜 영웅의 모습인 것이지요.

5장 자유와 평등의 프랑스 혁명

앞에서 한 국가 내에서 벌어지는 전쟁을 뭐라고 했는지 기억해?

음...... 내전?

그래, 맞아. 바로 내전이야.

6.25

그럼 프랑스 혁명은 내전일까 아닐까?

그건 너무 어려워요!

역사상 가장 유명한 혁명인 프랑스 혁명은

기존의 사회체제를 바꾸기 위해서 피지배계층이

우와아!

우와!

비합법적인 방법으로 권력을 바꾸는 일이었기 때문에

우씨~.

와아~

내전이 아니라 혁명이라고 해.

프랑스 혁명의 가장 큰 원인은 수백 년 동안 내려오던
프랑스 체제의 모순 때문이었어.

혁명 이전의 구체제를
앙시앵레짐(ancien regime)
이라고 하는데,

절대군주가 소수의 귀족, 성직자
등과 손잡고

우리끼리
잘 살자!

대다수에 해당하는 농민과 시민을 다스리던
체제에 대한 불만이

혁명으로 나타난 것이지.

프랑스의 신분 질서는 피라미드
형태를 띠고 있었어.

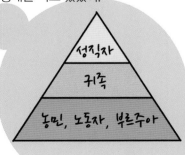

성직자

귀족

농민, 노동자, 부르주아

전 국민의 2%에 불과한 성직자와
귀족 등은 국가의 중요한 자리를
모두 차지하고,

구석
밖에 안
남았네.

TICKET

SCREEN

불멸의 프랑스

전 국토의 40%를 소유하고 있었으며
면세 혜택까지 누리고 있었지.

어디 가냐?

세금 내러
가요.

그런 것도
내냐??

농부와 노동자, 부르주아에 해당하는 나머지 98%의 계층은 온갖 세금을 내야 했고,

무슨 세금이 이렇게 많아?

토지세, 근로세
주민세, 갑근세
부가세, 종부세
이런세, 저런세
그런세, 등등

각종 부역을 책임지는 등 말 그대로 국가를 먹여 살리고 있었지만

국가

혜택은 거의 없었어.

땡그랑

혜택

당연히 그 98%에 해당하는 계층의 불만이 컸겠지.

이 시기에 경제적으로 여유가 있던 평민 즉, 부르주아 계층이 증가하고

부르주아

노동자   귀족

때마침 유입된 계몽주의 사상으로 의식이 성장하게 되어

하늘의 뜻을 어기면 천벌을 받는다!

누가 그런 말에 속을 줄 알고?

시민들이 자신들의 불만을 표출하기 시작했어.

당신들이 우리보다 돈이 많아?

아니면 학식이 높아?

아우, 시끄러워~.

사회적으로 새로운 변화에 대한 갈망이 무르익을 대로 무르익었던 1789년,

루이 16세가 왕실의 재정 위기를 이유로 모든 토지 소유자에게 세금을 부과하려 했어.

이에 귀족들은 세금을 부과하는 일은 각 신분의 대표가 모인 삼부회만이 결정할 수 있다고 주장했어.

그런 결정은 삼부회만이······.

그동안 내지 않았던 세금을 내기 아까웠겠지.

에휴~.

그리고 사회 변화를 꿈꾸던 부르주아 계층 역시 귀족들의 의견에 적극 동의했지.

OK?

OK!

부르주아

이에 루이 16세는 삼부회를 소집하여 세금 문제를 결정하려 했지만,

삼부회를 소집하라!

토의 형식과 투표 방식 때문에 삼부의 대표와 특권 신분 사이에 심각한 의견 대립이 발생했어.

삼부회

특권 신분

삼부의 부르주아 계층은 자신들끼리 국민의회를 결성하고 헌법 제정을 요구하는데,

와아~

우리끼리 합시다!

와아~

이것은 왕과 귀족들에 대한 도전장이나 다름없었어.

이것들이 진짜~!

도전장 덤벼라!!

부들 부들

이들은 끝까지 투쟁할 것을 맹세하며

회의장이 폐쇄되었으니 구회장으로 모입시다!

목적의 달성을 이루기 전까지 해산하지 않겠다는 내용의 서약을 하는데,

이곳에서 서약합니다.

이것이 바로 그 유명한 '테니스 코트의 서약'이야.

테니스 코트의 서약

여기에 이들과 뜻이 같은 일부 귀족과 성직자들이 가담해서 힘이 더욱 강해졌지.

우리들도 끼어 주시오.

게다가 루이 16세가 이들을 무력으로 해산시키려 하자 분노한 시민들은

당장 군대를 투입하라!

민병대를 조직해서 1789년 7월 14일 정치범들이 수감되어 있는 바스티유 감옥을 공격함으로써

자유다!

프랑스 혁명이 시작되었어.

우리 프랑스인들은 레볼루시옹(혁명)의 시작인 7월 14일을 소중하게 생각한다우!!!

국민의회는 모든 특권 폐지, 불합리한 제도 정비, 교회 재산 몰수 등을 선언했고,

1789년 8월 26일 라파예트가 기초한 인간의 자유와 평등, 국민 주권, 언론의 자유 등의 내용을 담은 인권선언문을 채택했는데

인권선언문

인간은 태어나면서 자유롭고 평등한 권리를 지닌다.

라파예트(Marquis de Lafayette, 1757년~1834년)

이 안에는 프랑스 혁명의 정신과 이상이 담겨 있어.

이상

정신

프랑스 혁명

그런데 이런 프랑스의 변화에 대해 불안한 시선으로 바라보는 이들이 있었으니,

우와~ 해냈다!!

크흑!

제길!

바로 오스트리아, 프로이센 등 이웃의 절대왕정 체제의 군주들이야.

프랑스

이들은 프랑스의 혁명의 불길이
자기 나라로 번질까 두려워서

프랑스에
동요되면
안 됩니다.

그렇다면
방법은
한 가지뿐.

무력으로 프랑스를 압박하기로 결정했지.

1792년 4월 프랑스 혁명 정부는
이러한 주변국의 동맹 움직임에
선전포고로 대항했어.

우리도 당하고
있을 수만은
없다!

프랑스
혁명 정부

물론 전쟁은
프랑스에게 결코
유리하지 않았어.

변변한 무기도, 조직적인 지휘 체계도 없는 의용군은 패배하기만
했지.

전투는 연전연패고,
시민들도 난리가
났다는데…… 큰일이야.

괜찮아?

그러나 전국 각지에서 모인
지원군의 수가 점차 증가하면서

힘내요!

내가
돕겠어요!

전세는 조금씩 바뀌기 시작했어.

이때 의용군 사이에서 유행한
군가가 바로 오늘날 프랑스 국가인
'라마르세예즈(La Marseillaise)'야.

당시 마르세유의 의용군이 행진을 하며 부른
이 노래가

각지의 프랑스인들의 애국심을 자극해 수많은 젊은이가
모이게 된 것이지.

좋아,
나도!

나도
함께하겠소!

결국 1792년 9월 프랑스 의용군은 발미 전투에서 첫 승리를 거두는데,

이것은 농민 출신의 프랑스 의용군이 세계 최강의 프로이센 군대를 상대로 거둔 기적적인 승리로 기록되었고,

이겼다!

분하다~.

우와, 정말~.

귀족들도 막상 싸워 보니 별 거 아니네~!

이 승리는 프랑스인에게 혁명에 대한 희망과 큰 힘을 주었어.

우리도 할 수 있다!

와아~!

그때 직접 프로이센군으로 참전한 독일의 대문호 괴테는 이렇게 이야기했어.

1792년 9월 20일을 기점으로 세계사의 새로운 시대가 열렸다.

이런 기세에 힘입어 혁명 정부 안에서 강경파인 자코뱅파가 힘을 얻으면서

자코뱅파 승!

지롱드

자코뱅

요한 괴테(Johann Wolfgang von Goethe, 1749년~1832년)

바로 왕정을 폐지하고 공화국을 선포했어.

내게는 왕족의 피가…….

어쩌라고?

이어서 폐위된 국왕 루이 16세를 프랑스의 반역자로 선고하고 단두대에서 처형했는데,

이것은 왕이 군림하던 과거의 체제로 돌아가지 않겠다는 것을 상징적으로 나타낸 셈이지.

하지만 왕이 죽었다고 모든 것이 다 끝난 것이 아니었어.

뭐가 또 남은 거죠?

밖으로는 여전히 영국, 네덜란드, 스페인, 오스트리아 등과 전쟁 중이었고,

도대체 언제까지 싸워야 하는 거야?

그러게 말이야.

안에서는 과거 체제로 돌아가자고 주장하는 왕당파의 반란이 일어나기도 했으며,

왕이 없는 나라가 어떻게 나라일 수 있는가?

반면 더욱 빠르게 변화해야 한다고 주장하는 세력도 있었지.

왕 따위는 필요 없다! 우리는 변화를 원한다!

결국 이런 여러 가지 문제를 해결하기 위해

뭐가 이렇게 많아~.

문제 문제 문제 문제

공포정치란 말 그대로 정권을 유지, 획득하기 위하여 대중에게 공포감을 주는 정치를 뜻해.

도저히 못 참겠다!

벌 떡

정권을 잡은 급진파는 공포정치를 시작했어.

급진파의 지도자인 로베스피에르는 혼란을 안정으로 이끌기 위해서는

비상독재체제가 필요하다고 주장했지.

비상독재체제가 시급합니다.

?

혁명으로 어렵게 얻은 새 헌법의 효력과 자유를 정지하겠다는 결정을 내린 거야.

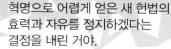

헌법

철컥

그리하여 프랑스 전역에는 급진파에 반대하는 세력과

쳇!

혁명 반대

삐익~

거기 서라!!

부정부패한 자들을 제거하는 무자비한 피바람이 불게 되지.

이 시기에 단두대에 오른 수천 명의 사람 속에는

루이 16세의 왕비인 마리 앙투아네트도 있었어.

마리 앙투아네트(Marie Antoinette, 1755년~1793년)

끔찍한 일이 계속되자 공포정치에 대한 반발이 조금씩 생겨났고,

너무하는 거 아냐?

그러게~.

결국 로베스피에르의 공포정치는 온건보수파에 의해 막을 내리게 되었지.

으악!

온건 보수파

으행

프랑스 대혁명이 사회를 변화시킨 것은 분명해.

국민이 국가의 주인이 되는 공화국을 건설했으며

국민

신분제도의 악습에서 벗어나 누구나 법 앞에서 평등한 존재가 되었어.

법

그리고 자유, 평등, 박애 등의 혁명 정신은 인류 역사에서 가장 중요한 가치가 되었고,

우리는 '혁명정신' 이에요!

평등

자유

박애

근대 시민 사회의 기초를 확립했다는 커다란 의미가 있지.

민주주의

프랑스 대혁명

공포정치가 막을 내리면서 혁명의
불꽃은 사그라지는 듯했어.

혁명 후 만들어진 각종 개혁적인 정책이 폐기되었고,

괜히 쓸데없는
것을 만들어서……

폐기

탁
탁

혁명 이후에 모든 시민들에게
주어졌던 참정권은

참정권

INK

세금을 내는 사람들에게만
제한적으로 인정되었어.

세금을 안 냈으니
참여할 수 없습니다.

국정

이렇게 경제력이 있는 부르주아
계급에게 특권이 주어지는 모습은

어서
오십시오~.

국

마치 구체제에서 제1, 2계급에게
주어졌던 권리를 연상시켰지.

공포정치가 막을 내리고
국내 사정은 안정적으로
바뀌어 갔지만,

안녕!

……

EXIT

공포
정치

대외적으로는 여전히 영국, 오스트리아
등과의 전쟁으로 혼란스러웠어.

그러니까
언제 끝나냐고~.

그러게
말야~.

전쟁이 지속될수록 프랑스 정부의 재정
상태는 더욱
어려워졌고,

감사합니다.

땡그랑~

여기에 여러 당파 간의
갈등이 다시 불거지면서
사회는 더욱
뒤숭숭해졌어.

옥신!
각신!

왕당파

자코뱅

지롱드

더군다나 1795년 10월 새로 들어선 5인 총재 정부는

카자르 카르노 / 장 프랑수아 루벨
폴 바라스 / 라 뤼베리에르 라모 / 르 투르누

5인 총재 정부

혁명 이후 급박하게 돌아가는 사회 변화를 관리하기에는 무능력해서,

5인 총재 정부

사회

국민들의 불신과 사회의 불안은 더욱 가중될 수밖에 없었지.

관리 / 사회 변화 / 국민 불신

프랑스 국민들의 실망은 점점 커졌고 불안을 잠재울 능력 있는 지도자를 원했는데

이때 등장한 사람이 바로 나폴레옹이야.

나는 나폴레옹... 불가능을 모르는 남자지

그는 27세 때 이탈리아 원정군 사령관으로 취임해 이미 지도력을 인정받고 있었지.

"우리는 맨손에 무기도 형편없고 게다가 굶주리고 있다. 그리고 정부도 우리를 위해 아무것도 해 줄 수도 없다. 하지만 병사들이여, 우리 앞에는 세계에서 가장 풍요로운 땅이 펼쳐져 있다. 나와 함께 가자!! 그대들의 용기로 승리를 이루자!!"

전쟁이 계속되어 점점 추위와 굶주림에 지쳐가는 병사들에게 나폴레옹은 이렇게 말했어.

이 지긋지긋한 전쟁…… 응?

뭐야? 왜 그래?

나폴레옹의 독려에 프랑스군의 사기가 오르기 시작했고,

그의 탁월한 전술 능력이 더해지면서 프랑스군은 단번에 이탈리아를 점령했어.

군대란 속도에 의해 부대의 사기와 전투력이 배가되는 집단이다.

서서히 나폴레옹의 이름이 프랑스 전역으로 퍼져 나갔고,

나폴레옹 소식 들었니?

당연하지~ 엄청 멋있어.

파리 시민들은 전쟁에서 이기고 돌아온 나폴레옹에게 대단한 환호를 보냈어.

그러나 나폴레옹이 전쟁의 승리에 기뻐할 사이도 없이

나폴레옹 님, 총재 정부에서 찾습니다.

총재 정부는 이집트를 정복하라는 명령을 내렸어.

나 아직 짐도 안 풀었어요!

NEXT 이집트

대중적인 인기를 받고 있는 나폴레옹이 총재 정부에게 큰 부담이었던 거지.

총재 정부

나폴레옹은 신속하게 이집트로 진격하여 알렉산드리아를 점령했지만,

고지가 저기 있다! 얼른 끝내자!

영국의 넬슨 제독에게 프랑스 함대가 전멸당해 지중해의 패권이 영국군에게 넘어가자

뭐... 이쯤이야...

허레이쇼 넬슨(Horatio Nelson, 1758년~1805년)

나폴레옹은 독 안에 든 쥐처럼 이집트에 갇히고 말았어.

이럴 수가……

이집트

한편 프랑스 내부는 최악의 경제 상황과 잦은 폭동으로 여전히 혼란스러웠으며,

못 들어오게 잘 막아!

여기에 영국을 비롯한 유럽 동맹국의 공격으로 한 치 앞도 내다볼 수 없는 상황이었지.

프랑스

이때 국내의 정세를 주시하던 나폴레옹이 몰래 파리로 돌아와

내 이럴 줄 알았지.

어떻해~

의회의 보수파와 손을 잡고 쿠데타를 일으켜 권력을 장악했어.

흐흐흐, 이제는 나의 시대야.

나폴레옹은 국민투표를 통해 새 헌법을 공표하고 국가원수에 해당하는 제1통령에 취임했어.

이른바 1인 독재 체제가 시작된 거야.

쿠데타: 무력으로 정권을 빼앗는 일.

국민들은 나폴레옹이 그들이 이룬 혁명의 물결을 잘 이끌어 나가고

와아

프랑스의 평화와 안정을 위해 무엇인가 해 줄 것이라 믿었어.

나폴레옹이라면 우리의 혁명을 완성시켜 줄 거야.

그럼 그럼.

나폴레옹은 강력한 권력을 바탕으로 토지개혁을 단행하고

프랑스 은행을 설립하고 세금 제도를 개선하며 경제적인 안정을 꾀했어.

또한 혁명 당시 성직자들의 특권을 뺏기 위해 가톨릭을 탄압했었는데,

대부분이 가톨릭 신자인 국민들의 지지를 얻고

교황과의 관계도 개선하고자 종교 탄압을 중단했어.

그러나 무엇보다 나폴레옹의 지지도를 끌어올린 것은 그가 수행한 전쟁의 결과 때문이야.

특히 1800년 6월 이탈리아 마렝고 평원에서 벌어진 전투에서 오스트리아를 상대로 승리함으로써

라인 강과 알프스 산맥, 피레네 산맥까지 프랑스의 영토로 삼았어.

이는 대내외적으로 고통을 받아 움츠러든 프랑스인들의 어깨를 활짝 피게 했지.

프랑스는 혁명 이후 혼란을 극복하고 유럽의 새로운 강자로 떠오르기 시작했어.

더욱이 1802년 3월 프랑스 아미앵에서 영국과 평화조약을 맺음으로써 10년간 계속됐던 전쟁을 드디어 끝냈지.

잘 부탁드립니다!

저야말로 잘 부탁드립니다!

영국

이렇게 나폴레옹은 혁명과 평화의 수호자로 자리 잡게 된 거야.

그러나 명성이 높아질수록 그의 야망은 더욱 커져만 갔어.

아~ 아직도 배가 고파~.

국민의 압도적 지지를 얻은 나폴레옹은 우선 국민투표를 통해 종신 통령에 취임한 후

종신 통령 나폴레옹

2년 뒤인 1804년 12월 황제가 되었지.

나폴레옹은 강력한 정책으로 사회를 안정시키는 데 성공했어.

이때 편찬한 『프랑스 민법전』, 일명 나폴레옹 법전은 혁명의 결과를 법제화한 것으로 유명해.

프랑스의 역사학자이자 소설가인 조르주 보르도노브는
나폴레옹 법전을 이렇게 설명했지.

이 법전은
개인과 가족에 관한
모든 사항을 다루고 있다.
법 앞에 평등하고,
양심의 자유와 국가의
비종교화를 이루었다는
면에서 '혁명적'이다.

나폴레옹은 황제가 된 후 유럽을 정복하여
대제국을 건설하고자 했어.

아직 부족해!
유럽을 다
갖고 싶어!

꽈!!

나폴레옹이 황제의 자리에 오르자 영국, 오스트리아,
러시아 등의 유럽 국가들이 3차 동맹을 맺고
프랑스에 맞섰고,

응?

야, 너 좀
건방져졌다!

나폴레옹이 정면으로
대응하면서 유럽은
다시 전쟁을 시작하지.

우왕~.

유럽

프랑스군은 전쟁 초기 에스파냐의 해안인 트라팔가르에서 벌어진
해전에서

영국의 넬슨 제독에게 패배하여 바다의
지배권을 영국에 빼앗겼지만,

지배권

안 돼!

육지에서 벌어진 전투에서만큼은 완벽하게
승리했어.

육지에
내리기만
해 봐라!

프랑스군은 신속한 작전 전개로
울름 전투에서 오스트리아를
격파하여 빈을 점령한 후

니들은
안 된다니까!

지금의 체코 부근인
아우스터리츠 평원에서
러시아-오스트리아
연합군과 맞서게 되었어.

분하다!

오스트리아

나폴레옹은 아우스터리츠 전투에서 수적인 열세였지만

안개를 이용한 측면 공격으로 큰 승리를 거두었어.

아무 것도 안 보여!

적이다!

으악!

러시아의 시인이자 소설가인 톨스토이의 『전쟁과 평화』의 배경이 되기도 했던 이 전투로

전장과평화

톨스토이(Lev Nikolayevich Tolstoy, 1828년~1910년)

신성 로마 제국이 멸망하고 유럽 내 프랑스의 위상이 높아지는 등 유럽의 판도가 바뀌었어.

우리는 거인의 손안에 있는 난쟁이들이다.

패배한 러시아 황제 알렉산드르.

결국 나폴레옹은 유럽 정복 전쟁으로 유럽 내 7왕국 30여 개 공국의 지배자가 되지만,

프랑스

이런 프랑스 앞에는 여전히 영국이 버티고 있었지.

프랑스 따위…….

영국

뭣?

나폴레옹은 궁리 끝에 영국을 경제적으로 압박하는 대륙봉쇄령을 내리는데,

후회하게 해 주마!

영국

어디 해 봐!!

대륙봉쇄령은 영국과의 통상 · 통신을 금지하는 것을 비롯하여 점령지대의 영국인을 포로로 하고 그들의 상품을 몰수하며, 영국 및 그 식민지의 배를 머무르지 못하게 한다는 내용을 담고 있어.

지금부터 영국 혹은 그 식민지로부터 오는 모든 선박을 막는다. 알겠나?

예!

하지만 오히려 프랑스를 비롯한 유럽 본토의 국가들이 더 어려움을 겪게 되었지.

유럽의 지배자로 군림하던 나폴레옹의 영향력은 시간이 갈수록 약화되었지.

전쟁이 치열하게 진행될수록 전쟁의 피로는 더 커져 갔고,

프랑스군이 점령지에서 정복군으로서 군림하려 하자.

프랑스에 대한 거부감과 함께 각 민족들은 자국의 독립운동에 관심을 가지기 시작했지.

프랑스가 전파한 혁명의 정신이 각 민족의 독립의지를 일깨워 준 거야.

특히 나폴레옹에게 패해 굴욕적인 조약을 맺은 프로이센의 경우 통일국가를 이루기 위한 초강도의 개혁을 추진하기도 했어.

하지만 나폴레옹의 몰락을 초래한 결정적 사건은 러시아와의 전쟁이야.

러시아가 대륙봉쇄령을 어기고 영국과 교역을 하자,

잘 부탁 드립니다.

힘든 결정 하셨습니다.

러시아

영국

나폴레옹은 60만 대군을 이끌고 러시아를 공격했지만,

가만두지 않겠다!

러시아

프랑스

러시아군의 초토화 작전에 엄청 고전하다가 결국 후퇴했지.

아이고~

……

에고~

더군다나 4차 유럽동맹과 라이프치히에서 벌인 전투에서도 패배한 나폴레옹은

모든 권력에서 물러나 엘바섬으로 유배되었어.

나폴레옹을 몰아낸 유럽동맹국들은

나폴레옹을 몰아냈다!

주변국

주변국

혁명을 부정하고 프랑스의 절대왕정 복귀를 선언했지.

오~ 얼마나 그리웠던가.

그러나 이미 자유와 평등을 맛 본 프랑스 국민들은 이를 받아들일 수 없었고,

당연하죠. 나라도 싫겠다.

이러한 사정을 파악한 나폴레옹은 섬을 탈출하여 다시 황제의 자리에 올라

내 국민들에게 돌아가야 해!

역사상 가장 치열했던 전투 중 하나인 워털루 전투로

내가 다시 돌아왔다!

와 아

유럽 연합군과 운명을 건 한판 승부를 치렀어.

두고 보자, 유럽동맹!

나폴레옹 1세가 이끈 프랑스군이 영국, 프로이센 연합군과 벨기에 남동부 워털루에서 벌인 전투에서
프랑스는 객관적인 전력의 우세에도 불구하고

영원한 라이벌 영국에
무릎을 꿇고 말았어!

이럴 수가.

워털루 전쟁을 끝으로 20여 년
동안 계속된 나폴레옹 전쟁은
마침내 막을 내리고

나폴레옹은 대서양의 작은 섬인
세인트헬레나에서 생을
마감하게 되지.

그런데 혁명으로 절대왕정을
무너뜨린 프랑스 국민들이

자신들의 손으로
황제를 만든 것이
이상하지?

내가
미남이라서?

물론 어떤 이는 나폴레옹을 독재자라고
비난하기도 하지만,

프랑스인들은 황제의 탄생에 대해 이전의 시대와 선을 그었어.

나폴레옹이야말로 새로운 시대의 지도자로서 그들이
겪은 혼란을 정리할 존재라 여겼던 것이지.

나폴레옹은 강력한 지지를 바탕으로 프랑스 내부를
안정시켜 나가는 데 성공했을 뿐더러,

유럽의 변화에도 큰 영향을 끼쳤어.

전쟁을 통해 유럽 전역에
혁명의 이념을 전파하였고,

더 나아가 나폴레옹의 지배하에
있던 국민들의 민족의식을
자극하여

근대 국가를 성립하는 데
큰 공헌을 한 거야.

프랑스 혁명과 나폴레옹 시대는 18세기, 아니 어쩌면 인간의 역사에서 가장 역동적인 변혁기였을지도 몰라.

이때 인간은 지금까지 누려 보지 못했던 자유와 평등의 노래를 부르며

와 아

미래에 대한 희망으로 부풀어 올랐던 시대였어.

미래에 대한 희망

푸슉 푸슉

우리가 지금 누리는 자유와 평등은 사실 수많은 사람들의 희생을 바탕으로 이루어진 것이란다.

영국 프랑스

평화를 실천하는 위대한 노력

전 세계 곳곳에서 벌어지는 전쟁과 각종 테러 소식은 우리가 사는 이 세상이 그렇게 안전한 곳이 아니라는 생각을 하게하고, 매년 새로운 이름으로 등장하는 바이러스의 공격은 전 세계를 죽음의 공포로 위협하지요. 그런데 전쟁이나 전염병처럼 텔레비전이나 신문 등 각종 미디어의 헤드라인을 장식하지는 않지만 인간의 생존을 위협하는 존재가 또 있습니다. 빈곤, 환경 파괴, 인종 차별, 종교간 갈등 같은 문제들은 잠재적인 전쟁의 원인이 되고, 바로잡지 않으면 전쟁보다 더 비참한 결과를 가져올 수도 있어요. 그런데 우리는 이런 사회적 문제가 심각한 수준에 도달했음에도 불구하고 모르는 체 하거나 우선순위 뒤로 미루고 있지요. 하지만 세계 곳곳에는 사태의 심각성을 예상하고 해결 방법을 제시한 사람들이 있답니다.

노벨 평화상 수상자 무함마드 유누스.

2006년 노벨 평화상을 수상한 방글라데시의 경제학자 무함마드 유누스는 1976년 마을 은행인 그라민 은행을 설립한 뒤 가난한 사람들에게 소액 대출을 해 주어 그들이 자립할 수 있는 발판을 마련하는 정책을 시작했어요. 그라민 은행은 갚을 수 있을 정도의 적은 돈을 무담보로 가난한 사람들에게 빌려주고, 매주 일정 금액의 이자와 원금의 일부를 상환해 1년 동안 대출금을 청산하게 하는 시스템을 고안해 낸 거예요. 결과적으로 많은 사람들이 소액 대출을 통해 가난에서 벗어날 수 있었다고 해요.

그는 평소 '지속 가능한 평화는 많은 사람이 가난에서 벗어날 수 있는 방법을 찾아야만 이루어진다.'라고 강조했어요. 평화를 위협하는 가장 위험한 요인이

바로 빈곤 문제라 생각했지요. 사회의 빈곤 문제가 누적되면 사회 구성원 사이의 갈등이 커지고 결국 그 갈등은 극단적인 해결 방법을 선택할 수도 있다는 무함마드 유누스의 생각은 우리에게 많은 생각할 거리를 던지고 있어요.

또 아프리카 여성 최초로 2004년 노벨 평화상을 수상한 왕가리 무타 마타이는 케냐에 나무 심기로 평화를 실천한 것으로 유명해요. 그녀는 평화를 위해 환경과 자연이 매우 중요하다고 생각했어요. 왜냐하면 풍요롭던 자연이 파괴되면 생존을 위한 삶의 방식이 바뀌게 되고 극단적으로는 서로 싸우게 되어 결국 불행한 사태로 이어진다는 것이죠. 아프리카에서 숲이 파괴되면 그곳의 사람들은 생존에 필요한 자원과 땔감, 식수 등이 부족해져서 심각한 사회 문제가 될 것이라는 그녀의 생각은 마침내 행동으로 옮겨져 1977년 그린벨트 운동을 통해 지금까지 3,000만 그루의 나무를 심었어요. 그녀가 추진한 그린벨트 운동은 '범아프리카 그린

베케냐 국가 인권 위원회에서 수여받은 트로피를 만져 보는 왕가리 마타이.

벨트 네트워크'로 확대되어 탄자니아, 우간다, 말라위, 레소토, 에티오피아, 짐바브웨 등 아프리카 전역에서 온 사람들을 교육하며 환경 보호의 중요성을 알리게 되었답니다.

사실 전쟁으로 인한 파괴는 순식간에 세상을 엉망으로 만들며 우리의 미래를 위협하는데도 사람들은 어리석게도 자신의 욕심을 위해 싸우고 또 싸우죠. 하지만 세계 곳곳에는 작은 실천으로 사회를 변화시키고자 노력하는 사람들이 있다는 사실을 기억해야 해요. 유누스의 소액 대출, 마타이의 나무 심기가 세상을 변화시키는 위대한 노력이라는 것을 말이에요.

6장 제국주의가 불러온 제1차 세계대전

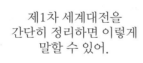

제1차 세계대전을 간단히 정리하면 이렇게 말할 수 있어.

"제1차 세계대전은 1914년에서 1918년까지 진행된 전쟁으로 영국, 미국, 프랑스 연합군 대 독일, 오스트리아, 터키 등 동맹군이 서로 싸우다가 독일의 항복으로 종결되었다."

하지만 제1차 세계대전을 이렇게 서너 줄로 정리하기에는

너무나 복잡한 사회적·정치적·문화적인 문제가 얽혀 있어.

사회적

정치적

문화적

쨍강!

본격적으로 전쟁 이야기를 하기 전에 전쟁의 발생 원인들을 살펴보자.

으악! 내 태블릿 PC!

제1차 세계대전이 발생하기 직전 유럽은 산업 혁명으로
좋은 시절을 보내고 있었어.

제임스 와트의 증기기관, 스티븐슨의
증기기관차 등

급격하게 발달한 과학 기술은
인간의 생활을 풍요롭고 편리하게
만들어 주었지.

그런데 기술의 발달로 각국에서
생산되기 시작한 많은 양의 물품을

유럽이라는 제한된 시장에서는
전부 소비하기가 불가능했던 거야.

물건은 많은데
손님이 한 명도
없네.

그래서 강대국들이 생산한 물품을 소비하고

신상 구두
어떠세요?

아직
쓸 만한데?

그들에게 싼 가격으로 원료를 공급할 수 있는
곳을 찾아 눈을 돌린 곳이

응?

아프리카, 아시아 등의 이른바 후진국들이었어.

좋게 말하면 시장 개척이고, 실상은 식민지 쟁탈전이 시작된 거야.

사세요.

이거 사세요.

오지 마

유럽을 중심으로 제국주의 시대가 열리게 된 것이지.

유럽

끼

익

그중 식민지 획득에 가장 열을 올린 나라는 영국과 프랑스였어.

특히 영국은 아프리카, 아메리카, 아시아 등 전 세계로 진출해,

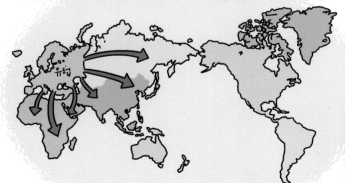

유럽

'해가 지지 않는 나라'라는 별칭을 얻을 만큼 해외 식민지 개척에 무척 적극적이었어.

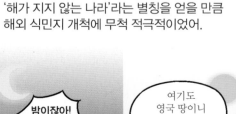

밤이잖아! 거짓말쟁이!

여기도 영국 땅이니 거짓말한 것은 아니지.

그 후 후발 주자들인 독일, 벨기에, 이탈리아, 스페인 등이 식민지 개척에 뛰어들면서

세계 곳곳을 누비며 식민지 확보에 열을 올렸지.

그들은 아프리카와 아시아를 손만 대면 금으로 변하는 신세계로 여겼던 것 같아.

식민지에서 생산되는 원료를 빼앗다시피 하고,

그 원료를 바탕으로 생산된 상품을 강제로 되파는 방식을 취했던 그들에게

식민지는 투자에 비해 이익이 무한대로 나오는 곳이었지.

여기에 '식민지인들은 미개하기 때문에 계몽해야 한다.'는 의무감과 명분은

이들에게 아무런 죄책감을 느끼지 않게 해 주었지.

강대국들은 더 많은 식민지, 더 많은 이익을 차지하기 위해 경쟁을 벌였는데,

결국 마지막 방법으로 선택한 것이 모든 이를 불행하게 만드는 전쟁이었던 거야.

그것도 국가 대 국가의 승부가 아니라 목적이 비슷한 국가들끼리 편을 나눠,

어디를 고르지?

서로를 공격하는 새로운 형태의 전쟁을 벌이게 돼.

어? 선생님!

네가 여기에 웬일이냐?

제1차 세계대전은 이런 배경에서 시작되었단다.

그 첫 발단은 발칸 반도의 사라예보에서 울린 총성이었어.

탕!!

당시 유럽은 두 세력으로 나뉘어 있었어.

세력

세력

일찌감치 식민지 쟁탈에 뛰어든 영국, 프랑스, 따뜻한 남쪽의 항구를 탐내던 러시아의 '삼국협상국'과

비스마르크의 뒤를 이어 제국의 중흥을 선언한 빌헬름 2세의 독일과 이탈리아, 오스트리아 – 헝가리 제국의 '삼국동맹국'이었지.

이 두 세력은 아프리카, 유럽 등에서 번번이 부딪히며 위기감을 조성하곤 했는데

이때 발칸 반도를 넘보던 오스트리아가 1908년 발칸 반도의 보스니아와 헤르체고비나를 합병하면서 문제가 발생했어.

둘이 친하게 지내도록 해라~.

발칸 반도는 다양한 민족과 종교가 얽혀 있는 곳이었는데,

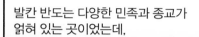

나무관세음…….

내 품으로 오라~.

오랫동안 이곳을 지배해온 오스만튀르크의 힘이 약해진 틈을 타고

아이구 삭신아…

슬라브족 계통의 세르비아를 중심으로 독립국가를 세우려는 움직임이 진행되고 있었거든.

그런데 오스트리아가 힘으로 합병을 해 버렸으니

발칸 반도는 마치 폭발 1초 전의 시한폭탄 같았어.

치이이익-

발칸 반도

으아, 터진다!

으아~

이런 분위기 속에서 1914년 6월 28일 보스니아의 수도 사라예보에 방문한 오스트리아의 황태자를

세르비아 범슬라브주의 비밀결사 소속의 '가브릴로 프린치프'란 청년이 저격했어.

타 - 앙

이 사건으로 오스트리아는 세르비아에 선전포고를 하고,

이후 각국의 이해관계에 따라 편이 갈리며 본격적인 전쟁이 벌어졌지.

협상국 측에 세르비아와 이탈리아, 그리스가 협력하였고,

예~!!

동맹국 측엔 불가리아와 오스만튀르크가 합세하여

예~!!

많은 나라들이 전쟁에 참여하게 되었어.

참가

전쟁터가 된 유럽은 시간이 지날수록 폐허로 변했고,

여기에 각국의 식민지마저 인적, 물적 지원을 하는 보급기지가 되어, 전 세계가 직·간접적인 참전국이 되었지.

우리 지금 전쟁 중이었어?

몰랐어?

그런데 이들 나라들은 자국의 승리를 위해 애국심과 민족주의를 강조하며 전쟁에 참전하는 등,

전쟁을 바라보는 시각들이 지나치게 낙관적이었어.

하지만 길어야 몇 주면 끝나리라 생각했던 전쟁이

전쟁이 끝나면 뭐할 겁니까?

세차나 해야지~.

1년, 2년이 지나도 끝날 기미가 보이지 않았지.

전쟁 끝나면······.

안 끝나, 안 끝나! 그만 좀 물어 봐!

당시에는 이 전쟁이 4년여 동안 천만 명 이상의 목숨을 앗아간 전쟁이 될 거라고 예상하지 못했어.

사망자 10,000,0

이럴 수가.

제1차 세계대전은 국가가 갖고 있는 모든 것을 쏟아 부은 총력전이었어.

끝이 보이지 않는 전쟁에서 이기기 위해서는 그럴 수밖에 없었지.

이제 남은 건 승리뿐이야.

그래서인지 전쟁의 양상도 과거와 다르게 전개되었어.

이전의 전쟁이 벌판 위에 대열을 갖추고 서로를 향해 공격하던 방식이었다면

제1차 세계대전부터는 비행기, 기관총, 전차, 잠수함 등의 신무기가 투입된 새로운 형태의 전쟁으로 변한 것이지.

그 결과 땅 위는 물론이고 하늘, 바다 속까지 인간의 힘이 미치는 모든 곳이 전쟁터가 되어.

와아~.

사망자, 부상자의 수가 과거의 어떤 전쟁과도 비교할 수 없을 정도로 어마어마했어.

비록 패배하더라도 전쟁이 빨리 끝나기를 염원했다고 하니

이 전쟁이 사람들에게 얼마나 충격적이었는지 상상할 수 있을 거야.

오, 주여~.

제1차 세계대전은 이전의 전쟁과 어떤 부분에서 달랐을까?

사라예보 사건으로 오스트리아가 세르비아에 선전포고를 했지만

전쟁이야!

정작 전쟁의 중심에 있던 나라는 독일이야.

사실 독일은 1870년 프랑스-프로이센 전쟁에서 승리를 거둔 이후,

윽, 분하다!

독일 제국을 이루며 유럽의 새로운 강자로 떠올랐는데

이는 영국과 프랑스 중심의 유럽 대륙의 힘의 균형을 깨는 중요한 사건이었어.

결국 독일을 견제하기 위한 방편으로 영국, 프랑스, 러시아가 손을 잡았지.

크로스!

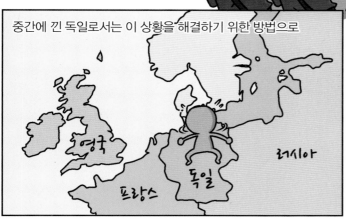

중간에 낀 독일로서는 이 상황을 해결하기 위한 방법으로

같은 게르만 민족인 오스트리아-헝가리 제국과 동맹을 맺었어.

오스트리아가 세르비아에 선전포고를 한 것은

우리 황태자를 살해하다니!

아, 저, 미안······.

됐어 됐어!!

결국 독일에게 있어 전쟁을 시작할 명분에 불과했던 거야.

울지 마.

정말 미안······.

으형~

울지 마.

실질적으로는 영국, 프랑스 중심의 유럽의 주도권을 한꺼번에 획득할 수 있는 찬스였던 것이지.

전쟁 시작 전 독일의 가장 큰 고민은 국경선의 서쪽으로는 프랑스를,

동쪽으로는 러시아를 동시에 상대해야 하는 거였어.

그래서 해결책으로 나온 것이 '슐리펜(Schlieffen) 작전'이야.

동부전선의 러시아는 최소의 전력으로 견제하고

대신 서부전선으로 병력을 집중하여 프랑스를 점령한다는 작전이었어.

그러나 프랑스 파리 근교의 마른 강에서 벌어진 전투에서

영국, 프랑스 연합군에게 발목을 잡히면서 독일의 작전은 실패하게 되지.

으, 완벽했는데…….

힘내세요~.

그래서 서부전선은 공격과 방어가 지루하게 이어지는 참호전으로 변하게 돼.

이게 대체 뭐하는 거야?

우리가 시체도 아니고…

참호전이란 몸을 숨길 수 있도록 땅을 판 후 그 속에 대기하고 있다가 지휘관의 명령에 의해 쏟아지는 총알을 뚫고 적진을 향해 돌격하는 작전이야.

그렇게 해서 전진하는 거리는 고작 몇 십 미터에 불과했는데

여기에서 수만 명의 군인들이 목숨을 잃었지.

1916년에 있었던 솜 전투는 탱크가 최초로 사용된 전투로 유명하기도 하지만

12킬로미터의 전진을 위해 42만 명의 영국군과 20만 명의 프랑스군이 다치거나 전사하고,

헉!

영국 - 42만 명
프랑스 - 20만 명

독일군도 50만 명에 이르는 사상자를 기록한 무모한 전투로도 유명해.

50만

또한 참호전의 상황을 역전시키기 위해 각국은 새로운 무기들을 선보였는데

뚝딱!!
뚝딱!!

그중에서도 가장 비인간적인 무기는 바로 독가스였어.

연합군이나 독일군 모두 독가스를 사용했지만 성과를 거둔 쪽은 독일군이야.

크허억!

으악!

인류 역사상 한꺼번에 가장 많은 사상자를 낸 가장 끔찍한 사건으로 기록되었어.

이렇게 베르됭 전투와 솜 전투 등 서부전선에서 전개된 유명한 싸움은

하지만 이 지루하고 잔혹한 전쟁에 변화가 시작됐는데,

참전국 중 러시아가 전쟁에서 빠질 것을 선언했고, 중립을 지키던 미국이 참전하기로 한 거야.

잘 가~.

수고해라~.

수고했다.

영국 프랑스 러시아 미국

사실 러시아는 동부전선에서 독일군에 맞서면서 패전을 거듭하고 있었어.

독일 러시아

이에 무모한 전쟁을 일으킨 것에 대한 러시아 민중의 불만이 커져 갔고 자유와 평화 그리고 빵을 요구하는 민중들은

결국 1917년 2월 러시아의 황제를 몰아냈어.

사라져라!

와아!

……

뒤이어 들어선 공산주의 혁명 정부는 곧바로 독일과 강화를 맺은 후 전쟁 중지를 선언했어.

이로써 독일은 참호전이 이뤄지는 서부전선 쪽에 군대를 집중시킬 수 있었지.

모두 서부전선으로 이동한다!

와~아

그러나 이러한 기쁨도 잠시였어.

뭐야?

연합국에 전쟁 물자를 공급하며 엄청난 이익을 취하던 미국이

갑작스럽게 전쟁에 참전할 것을 선언했기 때문이야.

참전

그동안 유럽 문제에 간섭하지 않는다는 '먼로주의'를 지켜왔던 미국이 참전을 선언한 데에는 여러 가지 이유가 있어.

먼로주의요?

먼로주의 1: 미국의 유럽에 대한 불간섭의 원칙.

우리 일에 간섭하지 마!

OK!

먼로주의: 미국의 제5대 대통령 먼로가 밝힌 외교방침.

먼로주의 2: 유럽의 미국 대륙에 대한 불간섭의 원칙.

대신 너희도……

OK!

먼로주의 3: 유럽 제국에 의한 식민지건설 배격의 원칙.

너희는 빼줄게. 됐지?

감사합니다.

독일은 잠수함 유보트를 이용하여 연합군의 해상 보급로를 차단하며

......

......

연합군의 선박은 물론 중립국의 선박까지 공격하는 무제한 잠수함 작전을 시작했거든.

눈에 보이는 건 모두 격침시켜!

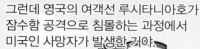

그런데 영국의 여객선 루시타니아호가 잠수함 공격으로 침몰하는 과정에서 미국인 사망자가 발생한 거야.

......

자국민의 사망 사건이 발생하자 미국은 더 이상 전쟁을 방관하지 않기로 했지.

더 이상 피할 수만은 없단 말인가.

크윽

물론 미국의 참전은 민주주의와 자유, 평화를 수호하기 위해 이뤄진 것이긴 하지만,

I WANT YO
FOR

NEAREST RECRUITI

오오~.

그것이 참전 목적의 전부는 아니었어.

영국과 프랑스가 독일에 졌을 경우 미국의 경제가 큰 타격을 받을 것이라는

니들 도운 게 누구야? 미국?

독일

네, 넵!

콱 그냥!!

프랑스

영국

매우 현실적인 결정도 작용했지

독일

오호? 그러셨겠다?

미국의 참전으로 연합국은 천군만마를 얻은 셈이었어.

그렇게 대단했나요?

미국은 막강한 군사력과 경제력으로 이미 세계 최강대국으로 인정받고 있었거든.

한 달에 25만 명이라는 엄청난 숫자의 미군이 유럽으로 공수되고

와아

영국 프랑스 우르르~

새로운 무기들과 신선한 보급품들이 연합국에게 지급되기 시작하자

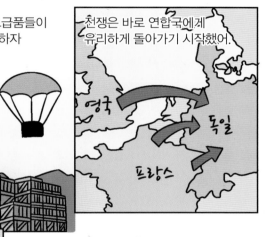

전쟁은 바로 연합국에게 유리하게 돌아가기 시작했어.

영국 독일 프랑스

결국 교착 상태에 있던 서부전선에서 연합국들이 차차 승리를 거두면서

독일의 강력한 동맹국 오스트리아, 오스만튀르크 등이 항복하였으며

우린 그만할래. 승산이 없어.

독일 오스만 튀르크 오스 트리아

전쟁에 지친 독일 해군들이 킬 군항에서 폭동을 일으켰는데

독일 국민들이 이 폭동에 적극 호응하면서 전국적인 혁명으로 번져 나가기 시작했어.

우와~.

전쟁을 주도했던 황제 빌헬름 2세는 네덜란드로 망명하였고,

저거 빌헬름 아니야?

그 자리를 대신한 임시 정부는 마침내 무조건 항복을 발표했어.

1918년 11월 11일, 제1차 세계대전은 이렇게 막을 내렸어.

통계 수치만으로도 제1차 세계대전이 남긴 피해는 엄청났지.

전쟁 기간 5년, 30여 개의 참가국, 군인과 일반인을 포함한 사망자 1,800만 명, 부상자 3,000만 명……

그런데 전쟁이 끝나면 모든 것이 잘될 것이라는 사람들의 소망과는 달리

전후 처리가 매끄럽지 않아 새로운 갈등과 불신을 남겼지.

왜 이렇게 안 되냐?

1919년 1월 연합국 대표들이 전후 처리를 위해 참가한 파리강화회의는 독일에게 책임을 지우는 것이 주된 목적이었어.

파리강화회의: 제1차 세계대전 종료 후, 전쟁에 대한 책임과 유럽 각국의 영토 조정, 전후의 평화를 유지하기 위한 조치 등을 협의한 1919년~1920년 동안의 회의.

독일은 모든 식민지와 자국의
영토 일부, 엄청난 전쟁 배상금 등

가진 것을 모두 내놓아야 하는
처지가 되었지.

그런데 문제는 승전국들의 태도였어.

사실 전쟁의 책임은
독일뿐만이 아니라
함께 식민지 쟁탈전을 했던
승전국에게도 있었거든.

그런데 이들은 승리를 핑계로 자신들의
책임을 모두 독일에게 떠넘기고,

자신들은 오히려 독일의 식민지를
나누어 가지려고 했어.

더군다나 약소국의 독립을
보장해 주고,

식민지 경쟁을
중단하고,

무리한 무기 개발과 군비 경쟁 중지
등의 '대응'을 담은

미국 윌슨 대통령의 14개 평화조항에
대해서는 반대를 주장하니

평화를 향한 길은 참 멀고도
험난한 듯했어.

결국 모든 처리 원칙을 패전국의 영토와 식민지에만 적용하자고
주장한 승리국의 주장이 채택되었어.

패전국
식민지에만
적용합시다!

옳소, 찬성!

당시 승전국이었던 영국과 일본의
식민지였던 인도와 조선이 독립하지
못한 것도 바로
이 때문이야.

치사한
놈들!

부들
부들

어떤 이는 제1차 세계대전이
인류의 역사를 더럽힌
전쟁이었다고 말하기도 하고,

이런
더러운 전쟁은
다시 일어나면
안 됩니다!

지금까지 인류가 쌓아 온
모든 것을 무너뜨린 불행한
일이라고도 했어.

인류가 쌓아온
모든 것이
무너졌습니다!

그럼 제1차 세계대전 이후
세상은 얼마나 달라졌을까?
우선 세계 지도의
국경선의 모습이 많이
바뀌었지.

오스트리아-헝가리 제국은 해체되어 오스트리아, 헝가리,
체코슬로바키아로 나뉘었고,

분열이구나~!!

오스트리아
-헝가리제국

체코
오스트리아 헝가리

아이고~

세르비아는 보스니아, 마케도니아, 슬로베니아
등과 합병되어 유고슬라비아가 되었어.

유고슬라비아

크로아티아 슬로베니아

마케도니아 보스니아

세르비아

오스만튀르크는 해외의 모든 식민지를 잃고 현재의
터키 지역을 보유하는 것으로 정리가 되었어.

이거라도 건진 게
어디야~.

여기서 눈여겨볼 것은 새롭게 탄생한 국가들이 모두 전제 군주제를 버리고

가지 마~.

공화제를 선택했다는 점이야.

후보를 정하고 투표합시다!

특히 전쟁 당사국인 독일은 '바이마르공화국'을 선포하며 직접선거로 대통령을 선출하고

당시 세계에서 가장 민주적이라는 평가를 받는 『바이마르헌법』을 발표하기도 했어.

Die Verfassung
des
Deutschen Reichs

제정이 몰락하고 공화정이 수립되었다는 사실 하나만으로도

......

제1차 세계대전으로 유럽에서 민주주의가 확대되었다는 큰 의미가 있어.

더군다나 민주주의의 발전을 통해 여성들도 참정권을 획득하게 되는데,

우리도 투표할 수 있다!

투표 만세!

이는 남녀평등이 제도적으로 시작된 것이지.

그 다음으로는 인류의 평화를 위해 '국제연맹'을 창설했어.

국제연맹은 비록 큰 역할을 해내지 못했지만,

이거 어디에다 써?

겨우 요만하네!

어디 일을 맡길 수 있겠어?

이것이 나중에 '국제연합(UN)'으로 바뀌면서 국제사회의 안정과 평화에 큰 역할을 담당하게 되지.

또한 국제사회에서 미국이라는 나라의 역할이 커졌다는 점도 주목해야 해.

미국은 전쟁으로 가장 이득을 본 나라로,

와~ 돈이다!

우선 군수물자를 수출해 경제적 이익을 보았고,

전쟁에 직접 참여해 승리의 주역으로 대접받으며 국제사회의 수호자로 급상승하게 되었거든.

제1차 세계대전은 전쟁에서 이긴 나라나 패배한 나라 모두에게 큰 아픔을 주었어.

또한 전쟁 이후의 상황조차 맑지 않았지.

전쟁이 끝났는데도요?

세계대전은 완전히 끝난 게 아니었거든.

뭐지? 이 으스스한 느낌은?

미디어에 비춰진 것이 과연 진실일까?

미디어란 텔레비전, 라디오, 신문, 인터넷 등 우리들에게 각종 정보를 전달해 주는 대중매체를 말해요. 우리와 너무나 친근한 것 같은 대중매체들은 과연 전쟁과 어떤 관계가 있을까요?

작전 명 〈사막의 폭풍작전〉, 미국을 중심으로 편성된 다국적군의 이라크 공격이 시작되었다. 미국의 최첨단 원격지원 전자교란기 EC-130H Compass Call은 이미 본격적인 공격 개시 5시간 전부터 통신 교란을 실시했고, 그 결과 이라크군의 지휘 통제 체제는 완전히 마비되었다. 작전 개시 후 다국적군의 F-16과 F-18, F-15E 전투기는 이라크의 주요 도시를 향해 날아갔고, 이에 맞선 이라크의 전투기가 기세 좋게 출격했지만 다국적군의 미사일 공격에 상대가 되지 못했다. 그리고 쿠웨이트를 순식간에 점령하며 무적을 자랑했던 이라크 전차군단은 힘도 써보기 전에 다국적군의 폭격에 무용지물이 되고 만다. 게다가 이라크가 그렇게 자랑하던 스커드 미사일은 미국이 발사한 패트리어트 미사일에 요격되어 힘도 못쓰고 공중분해되는 등 그야말로 이라크는 다국적군에 의해 처참하게 패배하게 된다.

이라크 전쟁 시 바그다드 폭격.

위 이야기는 지난 1991년 1월 16일 걸프전 당시 미국을 중심으로 한 다국적군의 이라크 공격 때의 뉴스에요. 당시 미국의 뉴스 전문 채널인 CNN은 매일 새로운 전쟁 소식을 통신위성을 이용하여 전 세계로 송출했어요. 전쟁 내내 텔레비전 화면에는 실제 상황을 중계해서 보여 줬고, 간간이 미국의 최첨단 무기를 특집으로 소개하며 무기의 성능을 과시하듯 설명

해주곤 했어요. 처음에는 충격적으로 보았던 시청자들은 이내 전투 시뮬레이션 게임의 화면처럼 터지고 폭발하는 장면을 아무렇지도 않게 보면서 감탄하기 시작했어요. 그리고 한 편의 영화를 보는 것처럼, 다른 사람이 게임하는 모습을 지켜보는 것처럼 그저 화면을 응시하며 전쟁의 상황을 지켜보기 시작했어요.

조지아 애틀랜타에 위치한 CNN 센터.
©Jack Piranha/Jymlii Manzo

결국 전 세계 사람들은 이제 CNN을 통해 비쳐진 전쟁의 상황을 점점 무비판적으로 받아들이게 되었고 미국이 추진하는 이 전쟁을 미국의 시각으로 바라보기 시작했어요. 물론 시청자들의 알권리를 충족시켜야 한다든가, 진실만을 보도한다는 언론의 태도에 대해 누구 하나 제대로 비판하지 않았고요.

21세기에 일어난 대부분 전쟁은 미디어 전쟁이라는 말이 나올 정도로 미디어의 힘이 크게 작용하고 있어요. 이러한 때 만약 미디어가 균형 잡힌 보도를 하지 않는다면 우리는 편향된 사실을 진실로 여기게 될 수도 있지요. 또한 전쟁이라는 폭력 행위가 어느 국가나 사회 또는 민족이 자신의 행동을 정당화하는 수단이 되는 심각한 상황이 벌어질지도 몰라요. 미디어가 제공하는 여러 정보들을 다양한 각도에서 살펴보고 비교·분석하는 태도를 가져야 할 때입니다.

7장 또다시 세계를 전쟁터로 만든 제2차 세계대전

제1차 세계대전은 1918년 독일의 항복으로 끝이 났지만,

잘못했습니다.

독일

팔락 팔락

20여 년의 시간이 흐른 후 인류는 또다시 제2차 세계대전이라는 엄청난 전쟁을 경험하게 돼.

시즌 2

이 전쟁은 제1차 세계대전 이후의 사회적 상황과 굉장히 관계가 깊어.

사회적 상황이요?

당시 세계의 힘의 판도를 살펴보면 크게 세 세력이 있었어.

첫 번째는 전쟁에서 승리한 미국, 영국, 프랑스 중심의 자본주의 세력이야.

다음은 세계 최초의 사회주의 공화국인 소련을 중심으로 한 공산주의 세력이고,

공산주의

마지막으로 독일, 이탈리아, 일본 등 대외적인 침략 활동을 통해 내부의 위기를 극복하고자 하는 전체주의 세력이었지.

전체주의

전체주의: 개인은 전체 속에서 비로소 존재가치를 갖는다는 주장을 근거로 강력한 국가권력이 국민생활을 간섭·통제하는 사상 및 그 체제.

이 세력들이 자신들의 영역을 확대하려다가 서로 충돌하게 되는데,

덤벼!

이게?

뭐야?

그 결정적인 계기는 '검은 목요일' 사건에서 비롯된 경제 대공황 때문이었어.

CLARKE BROTHERS

1929년 10월 24일 목요일 아침 미국 뉴욕의 월스트리트는 갑작스런 주가 폭락으로 엄청난 혼란에 빠졌어.

WALL ST.

BROADWAY

증권거래소의 그래프가 곤두박질치며 주식이
휴지 조각이 되어 버렸고,

미국의 주가 폭락은 전 세계로 빠르게 번져 나갔어.

미국 주가가
폭락이래!

으악~ 내 돈!

당시의 경제 호황은 전쟁이라는
특수한 상황이 만들어 준
결과였는데,

제1차 세계대전이 끝난 후 대량
생산된 상품이 산더미처럼
쌓였지.

수북

결국 생산과 소비의 불균형은 기업의
자금을 압박했고,

니들
뭐냐?

안 돼요!
줄 수 없어요!

급기야 공장이 문을 닫게 되면서
노동자들은 졸지에 실업자가 되고
말았지.

공장의 부도와 은행의 파산이 계속되어
국가의 경제 흐름이 마비되기 시작했어.

뭐야,
이거?!

우뚝!!

이렇게 시작된 세계 대공황은 전 세계를 강타했고,

전쟁이
끝나니까 이제
먹고 사는 게
문제네.

잘나가던
미국도 그러다가
망한 거잖아.

그 영향은 상상을
초월할 정도였어.

아직은
안 망했는데....

미국

이때 미국 대통령에 당선된 프랭클린 루즈벨트는
뉴딜 정책을 추진했어.

공공사업을 통해 실업자를 구제하고
노동자의 권리를 보장하는 등 다양한 정책을
펼쳤지.

뉴딜(New Deal) 정책: 시장의 역할과 자유를 중시하던 자유방임주의를
수정하여 정부가 경제 정책에 적극 개입, 통제하는 정책.

프랭클린 루즈벨트(Franklin Delano Roosevelt, 1882년~1945년)

강력한 국가의 정책 덕분에 미국 경제는
서서히 살아나기 시작했고,

미국이 이렇게 자구책을 마련하는 사이
유럽도 대책을 마련했어.

이른바 '파운드 블록'과 '프랑 블록' 같은 울타리를 쌓아
시장을 보호하는 정책을 펴기 시작했어.

영국과 프랑스의 경우 자신들의 식민지를
하나의 경제권으로 묶는

파운드: 영국 화폐 단위.
프랑: 프랑스 화폐 단위.

블록 정책은 자신들이 소속된
블록끼리는 자유롭게 경제활동을 하고

그 외의 경우는 높은 관세를
매기는 매우 배타적인
시장의 형태야?

으악!
캔 하나에
천만 프랑?

그런데 제1차 세계대전의
패전으로 엄청난 전쟁 배상금을
갚아야 했던 독일에게
세계 대공황은 어땠을까?

패전 후 바이마르 공화국이
세워졌지만 여전히
사회적·경제적으로 혼란스러웠어.

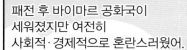

Die Verfaſſung

des

Deutſchen Reichs

어마어마한 배상금을 갚기 위해
너무 많은 양의 화폐를 찍어내어
화폐의 가치가 떨어졌고,

우리 또
야근이에요?

아마도?

빵을 사려면 수레에 돈을 가득
싣고 가야 할 정도였대.

빵 하나만
주세요~.

게다가 핵심 산업 지역인 루르 지방을 프랑스에게
거의 빼앗기다시피 했는데,

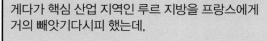

독일

프랑스

루르

이런 상황에서 경제 공황을 맞게 된 독일은
더 이상 버틸 수 없었어.

루르 지방만
빼앗기지
않았어도!!

꽝!!

독일

이때 등장한 사람이 바로 아돌프 히틀러야.

히틀러(Adolf Hitler, 1889년~1945년)

그의 연설은 고통 받던 독일인의 가슴속을 시원하게 만들어 주었지.

대중 선동에 탁월한 능력을 가졌던 히틀러는

대중 집회를 통해 강력한 독일 제국의 건설을 외쳤어.

결국 독일 국민들은 1932년 총선에서 히틀러를 수상으로, 나치당을 제1당으로 만들어 주었지.

그는 반대파를 제거하고 탄압하며 권력을 장악했고,

이놈들!

으악!

으아!!

이듬해 총통의 자리에 올라

축하드립니다, 히틀러 총통.

고맙소!

절대 권력을 바탕으로 새로운 독일, 즉 독일 제3제국을 선포했어.

독일 제3제국

국민들의 전폭적인 지지를 바탕으로 전체주의 국가로 전환한 거야.

하일~!! 히틀러!!

제1차 세계대전의 승전국으로서 식민지 분배에 내심 큰 기대를 했지만,

나도 승전국인데 혹시?

이탈리아

이렇다 할 이득은 거의 챙기지 못한 채 오히려 예전보다 경제 상황이 악화되었고,

……

아아악!!

무능한 국가 지도자와 정부에 대한 불만이 더해지면서

강대국? 식민지?

이게 어디서 개수작이야?

이탈리아

국민들은 시위와 파업을 일삼고 사회주의 혁명을 요구하는 혼란스러운 상황이었어.

이때 베니토 무솔리니가 등장했지.

베니토 무솔리니(Benito Amilcare Andrea Mussolini, 1883년~1945년)

그는 이탈리아가 번영하기 위해선 강한 정부가 있어야 하며,

저런 약해빠진 정부는 필요 없어.

쓱쓱…

수단과 방법을 가리지 않고 목적을 수행할 수도 있다고 주장했어.

식민지를 안 주면 빼앗아와야지.

전형적인 전체주의의 신봉자였지.

어쩐지 남 같지 않더라니깐.

그가 조직한 파시스트당은
1922년 이후 정권을 장악하면서

언론 통제, 정당 활동 금지 등
반대세력들을 억압하는
공포정치를 했어.

니들은
아무 것도 못해.
알았어?

그가 제일 강조한 단어는 국민의
'단결(파쇼, fascio)'인데,

이 말의 어원이 되는 라틴어
'파스케스'는 로마 공화정의
상징으로 쓰였어.

파스케스(fasces): 고대 로마 시대에 하얀
자작나무 막대기를 가죽 띠로 묶고 막대기
사이에 청동 도끼를 끼운 것.

그는 과거 화려했던 로마의 영광을
재현하자는 말로 국민들을 선동했고,

국민들은 그를 되살아난 카이사르로
여기면서 강력한 지지를 보냈어.

경제 공황이라는 악재를 극복하기 위해 무솔리니가 선택한
것은 적극적인 대외침략 전쟁이야.

사실 히틀러의 나치즘이나 무솔리니의
파시즘의 본질은 같은 것으로

히틀러는 먼저 파시즘을 주장한 무솔리니를
존경하게 되었지.

사랑해요
무솔리니!!

곧 두 나라는 의기투합하여 침략전쟁을 시작하게 되는데,

그 전초전이 바로 1936년 일어난 스페인 내전이야.

그들은 스페인 반란군을 지원하며 전쟁을 승리로 이끌었어.

이를 계기로 독일과 이탈리아는 거의 의형제 수준으로 발전했고,

여기에 한반도를 점령하고 호시탐탐 중국 땅을 넘보던 일본이 합세하지.

이른바 3국 추축(Axis powers)의 완성으로 전쟁의 위기가 다가오고 있었어.

이탈리아는 1936년 에티오피아를, 일본은 1937년에 중국을 침략했고,

독일은 1938년과 1939년에 각각 오스트리아와 체코슬로바키아를 합병했어.

거기에 독일과 소련은 서로 공격하지 않겠다는 내용의 불가침조약까지 맺지.

세 나라가 비슷한 시기에 벌인 이 행동들은 본격적인 전쟁의 준비 과정이었어.

추축국: 독일·이탈리아·일본이 자신들을 가리켜 '로마·베를린·도쿄 축'이라고 부른 것에서 유래.

결국 1939년 9월 1일, 히틀러는 유럽 최강의 전차 부대를 앞세우고 폴란드를 침공했어.

가자!

우르르

그리고 이틀 후인 9월 3일, 영국과 프랑스가 독일에 선전포고를 하면서,

더 이상 봐 줄 수 없다!

결국 제2차 세계대전이 시작됐지.

제2차 세계대전

사실 영국이나 프랑스가 독일의 폴란드 침공 이전에 다소 어정쩡한 자세를 취했던 것은

어쩌지?

음~.

독일이 소련의 사회주의가 확장되는 것을 어느 정도 막아 줄 것이라는 생각 때문이었어.

안 돼!

사회주의

당시 자본주의 사회의 가장 큰 걱정은 사회주의 세력이 확대되는 거였거든.

인간은 평등하다! 다 같이 나눠 쓰자!

자본주의

흥!

사회주의

그래서 히틀러와 나치당의 횡포에 대해서도 모른 척하기도 하고,

저러다 말겠지~.

야~ 이 자식들아!!

오스트리아, 체코의 합병에도 이렇다 할 제재도 취하지 않았는데,

어쩌면 좋은 일일지도 몰라.

히틀러가 폴란드를 침공한 것은 한마디로 서방 국가의 뒤통수를 때린 격이었지.

폴란드

거긴 안 돼!

아무튼 독일군의 진격은 거침이 없었어.

돌격, 앞으로!

한 달도 채 안 되어 폴란드를 점령한 독일군은 멈추지 않고,

폴란드

전략적 요충지인 덴마크와 노르웨이를 점령하며 북해의 제해권을 확보했는데,

우와~ 승승장구하네요.

제해권: 무력으로 바다를 점령하여 해상에서 가지는 권력.

이는 독일 잠수함 부대의 원활한 활동과

독일 연해인 발트 해를 확보하기 위한 중요한 작전이었어.

히틀러의 작전은 귀신같다는 생각이 들 정도로 용의주도하고 과감하기까지 해서

어느 나라도 독일군의 진격에 제대로 맞서지 못하고 속수무책으로 당하고만 있었지.

분하다.

특히, 프랑스인이 그렇게 믿고 있었던 마지노선이 어이없이 무너지고,

마지노선: 1930년대에 프랑스가 북동쪽 국경선에 건설한 정교한 방어용 장벽.

유럽의 심장인 파리가 독일군에게 점령당하는 순간 유럽은 히틀러의 손아귀에 넘어가는 듯 했어.

프랑스는 영국에 망명 정부를 세우고 드골을 중심으로 국외 투쟁에 들어갔지.

샤를 드골(Charles De Gaulle, 1890년~1970년)

한편 독일과 이탈리아, 일본은 서로의 침략에 대해 묵인하고 협조한다는 삼국 군사 동맹(1940년 9월)을 체결했어.

이것은 유럽과 아시아 전체가 전쟁터가 되었다는 것을 의미하지.

왜...
왜 그러세요?

독일은 영국의 런던 상공에 엄청난 폭격을 가했고,

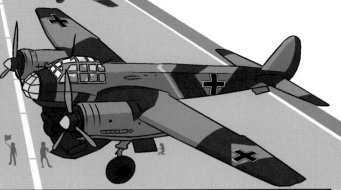

이탈리아는 수에즈 운하를 점령하기 위해 북부 아프리카의 사막을 공격했으며,

수에즈 운하
내놔!!

으아악!

일본은 대동아공영권을 주장하며 동남아시아를 점령하기 시작했어.

으악!

으악!

대동아공영권: 일본이 아시아 대륙 침략을 합리화하기 위해 내건 정치 표어.

이때 독일군이 소련을 침공하는 뜻밖의 사건이 발생했어.

뭐라고? 독일이?!

영국 점령이 여의치 않자 전차와 전투기의 방향을 동쪽으로 바꾼 것이지.

여기가 아닌가보다!

유럽을 정복할 수 있다면 불가침조약 정도는 히틀러에게 휴지 조각에 불과했던 거야.

불가침조약은 소련을 안심시키기 위한 나의 작전이지!

사실 히틀러는 소련에서 생산되는 석유를 비롯한 지하자원과

밀을 비롯한 식량자원 등 전쟁을 수행하기 위한 여러 가지 물자를 획득하려는 목적이었어.

그러나 대부대와 수많은 전차, 전투기를 앞세워 기세 좋게 소련 땅으로 들어갔지만

300만 명
3,000대
2,500대

결과는 처참했어.

왜요?

2개월이면 충분히 소련을 정복할 것이라 생각했던 히틀러에게

왜 이렇게 오래 걸려?

북방의 매서운 겨울은 결코 소련 땅을 허락하지 않았어.

결국 과거 나폴레옹이 그랬던 것처럼 수백만 명의 사망자를 뒤로하고 물러나야 했지.

그거 어렵다니까~.

한편 독일이 소련에서 고전하고 있을 때,

일본은 중국에 이어 인도차이나반도로 진출을 시도했어.

당시 인도차이나반도는 프랑스의 식민지였기 때문에 일본의 침략은 유럽과 미국의 즉각적인 반발을 일으켰지.

이대로 가만히 있을 겁니까?

프랑스

영국

미국

특히 미국, 영국, 네덜란드, 중국 등의 국가들이 반발하자,

치사한 것들!

안 팔아!

미국 영국

일본은 극단적인 해결 방법을 선택했어.

우리 일본의 위대한 정신을 보여주지.

1941년 12월 미국 하와이의 진주만 해군기지를 선전포고도 없이 공격한 거야.

이렇게 태평양 전쟁이 시작되었어.

전쟁 초기 일본은 필리핀, 남태평양의 여러 섬과 동남아시아의 대부분을 점령하며 승승장구했어.

와하하하

하지만 미국이 본격적으로 전쟁에 참여하기 시작하면서 분위기는 달라졌지.

또 내가 나서야 겠구만.

미국

미국은 1942년 6월 미드웨이 해전에서 일본의 항공모함 4척을 격침시키면서

태평양의 제해권을 장악하고 반격할 수 있는 발판을 마련했지.

다시 나설 일 없게 확실하게 해야지.

미국

전세는 미국을 포함한 연합군 쪽으로 유리해졌지.

일 독 이

연 합 군

특히 스탈린그라드 전투에서 30만 명 이상이 몰살당한 독일의 패배는

연합군에게 결정적인 승기를 제공했고,

무솔리니 정권이 붕괴하고 이탈리아가 항복함으로써 전쟁 당사국의 한 모서리가 붕괴되고 말았지.

히틀러는 동부와 서부전선에서 연합군과 소련군의 압박을 동시에 받았으며,

적이 쳐들어 옵니다!

적이 나타났다!

독일 전역은 연합군의 폭격으로 폐허가 되어 갔어.

펑!!

펑!!

그러던 중 1944년 6월 연합군은 프랑스 북부의 노르망디에 과감한 상륙작전을 감행하여,

서부전선에서 독일군에 결정적인 한방을 먹이며 프랑스를 해방시켰고,

자유다~!!

프랑스

끙~

그 기세를 몰아 동부전선의 소련군과 협력을 통해 베를린을 점령했지.

이럴 수가!

이에 히틀러는 지하 방공호에서 자살을 선택했고 독일은 곧 항복을 선언했어.

!!

길고도 길었던 유럽에서의 전쟁은 막을 내렸고 이제 남은 것은 일본뿐이었어.

흐흐흐~

미국 영국 프랑스

일본

1944년 미국은 일본이 점령한 태평양의 여러 섬들을 공격하며 대대적인 작전을 벌였는데,

일본은 여기에 '가미가제 특공대'로 맞섰어.

가미가제: 비행기에 폭탄을 싣고 미국의 함정에 부딪히는 자살 공격.

미국 대통령 트루먼은 시간이 지날수록 엄청난 희생자가 생길 것이라는 판단에,

더 이상 안 돼!

트루먼(Harry Shippe Truman, 1884년~1972년)

전쟁을 끝내기 위해 원자폭탄을 투하하기로 했어.

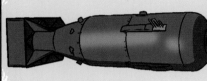

1945년 8월 6일, 미국의 폭격기 B-29는 길이 3미터, 무게 4톤의 원자폭탄 '리틀 보이'를 히로시마에,

8월 9일에는 원자폭탄 '패트맨'을 나가사키에 각각 투하했어.

그리고 소련도 마지막 쐐기를 박기 위해 일본에 선전포고를 하는 등

이제 너희들만 남았다!

와아~!!

전쟁을 끝내기 위해 일본을 압박했지.

흐흐흐~

결국 일본 천황은 8월 15일 무조건 항복을 선언했고 마침내 제2차 세계대전은 완전히 끝이 났어.

아하~

그래서 8월 15일이 광복절······

비록 원자폭탄이 기나긴 전쟁을 끝내 주기는 했지만

확~!

으아아~

그 어마어마한 위력은 인류를 공포에 몰아넣기에 충분했어.

제2차 세계대전이 일본의 항복으로 마무리되기까지
전 세계가 치른 대가는 정말 엄청나.

이게 미안하다고 될 일이야?!

독일 일본 이탈리아

6년 동안 60여 개국이 전쟁에 참여했고
거의 5,000만 명의 사망자가 발생했으며,

전 세계는 복구가 불가능할 정도로 잿더미가 되고 말았지.

하지만 더 충격적이었던 것은 독일과 일본이
전쟁에서 보여준 행동이야.

이건 또 무슨 소리?

독일 일본

나치는 전쟁과 무관한 유대인 600만 명을
집단수용소의 독가스실로 보내 학살했고,

일본은 난징에서 30만 명의 중국인을 학살했으며
죄 없는 조선의 여인들을 일본군대의 위안부로
끌고 가는 등,

끔찍한 일을 자행했던 거야.

꾀부리지 마라~.

부들부들

독일 일본

비록 전쟁은 끝이 났지만
그 상처는 여전히 치유되지
않고 있어.

그리고 세 번째 세계대전이 벌어지는
상황을 막기 위해 국제연합(UN)이
조직되었지.

국제연합은 전 세계의 평화와 전쟁 방지를 위해 큰 역할을 해왔고 지금도 수행하는 중이야.

또 하나 주목해야 할 것은 전범재판이야.

전범재판요?

전범: 전쟁, 범죄.

침략 전쟁에 대한 책임을 지우고 전쟁 중 발생한 대량학살에 대한 사실을 규명하는 등

다시는 같은 일이 반복되지 않도록 하자는 노력을 기울였지.

의지

꽈

악

오~ 의지가 보여요!

하지만 이러한 노력에도 불구하고 세계는 미국과 소련을 두 축으로

소련

미국

자본주의와 공산주의의 이념이 대립하여 새로운 전쟁, 즉 냉전이 시작되었어.

자본주의 ⇒

⇐ 공산주의

한편 식민지 상태에 있던 아시아, 아프리카의 여러 민족과 국가들은 전쟁이 끝난 후 독립을 이루었어.

대한민국, 인도네시아(1945)
필리핀, 시리아(1946)
인도(1947),
중국(1949)
리비아(1951),
모로코, 튀니지(1956)
알제리(1962) 등

다행이네

이들은 더 이상 강대국에 의해 자국의 운명이 결정되는 것을 원치 않았고,

잘해준다니까~.

됐거든?

일본 이거 안 먹히네

한국 참내

이들의 평화와 공존에 대한 주장은 시간이 지나면서
국제사회에서 큰 영향력을 가지며 성장했지.

그 전쟁들이 가져온 불행을 잊지 말고 되풀이하지 않을 것,
그리고 전쟁을 반성하는 것,

이것이 바로 우리가 늘 생각하고 고민해야 할 과제일 것 같아.

역사적 순간을 담은 사진들

맥스 데스퍼가 찍은 〈폭파된 대동강 다리〉.
ⓒMax Desfor

　백 마디의 말보다 사진 한 장이 주는 충격은 더할 나위 없이 강력합니다. 그래서 누군가는 이런 말을 했습니다. "역사의 순간을 그대로 남겨 주는 사진, 그렇기에 사진의 힘은 강력하고 위대하다." 〈폭파된 대동강 다리〉라는 제목의 이 사진은 한국전쟁 당시인 1950년 12월, AP통신의 종군 기자 맥스 데스퍼가 부서진 대동강 철교를 건너는 피란민 행렬을 찍은 것으로, 당시 한국전쟁의 참상을 전 세계에 알린 유명한 사진이에요. 사진 속에는 죽음을 무릅쓰고 자유를 찾아서 위태롭게 철교를 건너는 무수한 사람들이 보이지요. 이 사진 한 장에는 우리가 생각했던 전쟁의 비참함과 폭력성 그리고 무자비함까지 느낄 수 있어요.

　"어떻게 그 처참했던 광경을 잊을 수가 있겠는가. 강 남쪽에 도착해 뒤돌아보니 수천 명의 한국인들이 머리에 봇짐을 인 채 부서진 다리 난간을 붙잡고 필사적으로 탈출하고 있었다. 날씨는 매섭게 추웠지만 얼음을 타고 내려오기는 힘들었기 때문이었다. 나는 눈을 뗄 수가 없었다. 몸을 가누지 못하고 난간에서 떨어지는 사람들, 강 북쪽에서 차례를 기다리는 사람들……. 공포에 질리고 울음을 터뜨리면서도 오직 자유를 위해 목숨을 건 그들의 모습을 보자마자 나는 다리 남쪽 난간을 붙잡고 올라가 카메라 셔터를 눌렀다."

맥스 데스퍼의 인터뷰 중에서 (『중앙일보』, 2010년 6월 25일자)

울음을 터뜨리면서 잔뜩 겁에 질린 아이들이 달려옵니다. 아이들의 뒤에는 포탄의 흔적인 듯 검은 안개가 잔뜩 몰려오고 있고요. 가운데 벌거벗은 소녀의 얼굴에 묻어 있는 커다란 공포……. 사진 속 소녀가 울부짖으며 한 말은 단 두 마디였어요.

"정말 뜨거워요. 살려주세요."

1972년 사이공 인근의 마을은 미국 폭격기가 투하한 네이팜탄(순식간에 주변 산소를 빨아들여 강력한 불기둥을 뿜어내는 무기)으로 순식간에 폐허로 변하고, 미처 피하지 못한 사람들은 엄청난 화력에 목숨을 잃게 됩니다. 이때 그 불길 속에서 뛰어나오는 소녀의 모습을 마침 그곳에 있었던 AP통신의 종군 사진기자였던 닉 우트가 카메

네이팜탄의 공포에 놀란 소녀의 사진.
ⓒNick Ut/The Associated Press

라에 담았던 거죠. 그리고 사진은 곧 전 세계 언론에 보내져 전쟁의 잔인함을 알리는 동시에 반전(反戰)운동의 거센 물결을 일으키게 돼요. 그때까지 전쟁에 대해 심각한 고민을 하지 않았던 많은 사람들에게 이 사진은 확실하게 숨겨진 전쟁의 참모습을 끌어내며 반전에 대한 관심을 대중들로부터 끌어내는 역할을 했지요.

"전쟁터에서 가장 위협적인 무기는 카메라다."

수백 명의 외침도 중요하지만 사진 한 장이 갖는 위력 또한 대단하다는 사실을 알 수 있겠지요?

8장 전쟁의 중심에 선 미국

누구에요?

응? 미국.

미국은 어떤 나라일까?

안녕!

난 미국이야!

1776년 영국으로부터 독립하여 200년이 조금 넘는 짧은 역사를 갖고 있지만

한국의 역사들

고작 한 권?

정치, 경제 등 다양한 분야에 걸쳐 전 세계에 상당한 영향력을 발휘하고 있는 나라이고,

웃기냐!

정치

정치

경제

국제 사회의 분쟁이 있을 때마다

항상 맨 앞에서 조정자 역할을 하지.

그래서 현대사의 굵직한 사건에는 미국의 이름이 꼭 등장해.

내가 좀 유명하긴 해.

으~ 얄미워

특히 군사력이 무척 강해서 미국을 상대로 단독으로 전쟁을 치러 이기는 건 쉽지 않을 거야.

그만큼 미국은 세계사에서 매우 중요한 위치를 차지하고 있어.

세계사

미국은 1803년 프랑스로부터 루이지애나를 사들인 이후 급속도로 성장하기 시작했어.

오레곤 컨트리

루이지애나

스페인

미시시피

미국의 영토는 단숨에 두 배로 늘어났고,

여기도 우리 땅!

폴짝!!

서부 개척 시대 이후로 미국의 영토 확장은 본격적으로 이루어지지.

특히 멕시코와의 전쟁에서 승리 후 136만㎢의 면적을 확보하면서

여기까지 우리 땅!

후다닥

지금의 서부 지역인 애리조나, 캘리포니아, 콜로라도 서부, 네바다, 뉴멕시코, 텍사스와 유타가 새로운 미국의 영토가 되었지.

캘리포니아 네바다 유타 콜로라도 애리조나 뉴멕시코 텍사스

미국 영토

동부 지역 13개 주의 작은 나라에 불과했던 미국이 서부 지역까지 확보함으로써

전부 다

내가 주인이다.

서부

동부

북아메리카의 새로운 주인이 되기까지 거의 100년의 시간밖에 걸리지 않았다니, 놀라울 뿐이야.

더군다나 이렇게 확보한 영토에서 금광이 발견되어

깡!!

오잉?

금

미국 사회는 그야말로 하루가 다르게 엄청난 경제적 성장을 이루지.

Go west! 가자, 가능성의 땅으로!

그런데 그들이 진출한 곳에는 이미 인디언이라 불리는 아메리카 원주민이 살고 있었어.

누구세요?

원래 북아메리카의 주인은 이 인디언들이었는데,

유럽인들이 아메리카 대륙을 침략해 그들의 영토를 빼앗은 거야.

별 거 아니네.

크윽!

그 후 갈등이 더욱 심해져서 급기야는 전쟁으로 이어졌지.

아메리칸–인디언 전쟁(1860년~1890년)

미국인들의 무자비한 탄압으로 그들은 '인디언 보호구역'이라는 제한된 지역으로 내몰리는 신세가 되었어.

여기에서만 놀아.

특히 '운디드니 학살' 사건은 미국인들의 무자비함을 잘 보여주지.

1890년 운디드니 언덕에서 미군 기병대가 인디언 부족을 무장 해제하는 과정에서

흐흐흐, 꼼짝 마라!

어린이, 여성을 포함한 200명 이상의 인디언을 학살했고,

이 사건을 계기로 미국의 인디언들에 대한 정복 활동은 마침표를 찍게 돼.

미국의 경제 발전의 원동력이 된 서부 시대는 이렇게 원주민을 탄압하고 학살하는 과정이었지.

이후 미국이 관심을 보인 곳은 라틴 아메리카와 아시아야.

라틴 아메리카

아시아

음, 저것들로 할까?

우선 스페인과의 전쟁을 통해 카리브 해의 요충지인 쿠바를 접수하고

쿠바

스페인의 소유였던 괌과 필리핀,

안 돼~!

스페인

괌

필리핀

독립을 준비하던 하와이까지 강제로 합병함으로써

난 독립할 거야!

하와이

명실상부한 태평양의 실력자로 급부상하게 되지.

그런데 여기서 꼭 알아야 할 한 가지 사건이 있어.

이 친구 그렇게 안 봤는데...

what?

19세기 후반, 전 세계의 강대국들은 다른 나라를 침략하고 지배하는 식민지 쟁탈전을 벌였는데,

아시아에서는 일본이 선두주자였기 때문에.

미국이 아시아로 진출하려면 일본의 암묵적 동의가 필요했지.

실례합니다~.

이에 미국과 일본은 '가쓰라 태프트 협정'을 맺었어.

"일본이 미국의 필리핀 소유를 인정하는 대신 미국은 일본의 조선 침략을 묵인한다."

아리 가또

땡큐

자신들의 이익을 위해서라면 서슴지 않고 같은 편이 되는 국제사회의 비정함을 엿볼 수 있지.

영국, 프랑스, 스페인 등보다 조금 늦게 식민지 쟁탈전에 뛰어든 미국은

그들을 앞지르기 위해서 더욱 적극적으로 뻗어나가기 시작했어.

그리고 알래스카, 하와이, 괌, 필리핀, 중국의 청나라로 이어지는

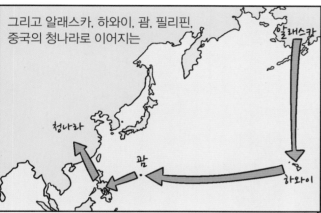

태평양 주변 국가들을 자신들의 영향력 아래에 두고 힘을 과시했고,

라틴 아메리카의 멕시코, 쿠바, 온두라스, 니카라과 등에 진출하여

거대 자본을 침투시켜 경제력으로 지배하고,

각 나라를 마음대로 조종하며 권력을 휘두르기도 했어.

결국 유럽의 제국주의와 미국의 팽창주의는 제1차 세계대전이라는 비극을 낳았지.

제1, 2차 세계대전이라는 비극을 겪고 나서도 미국의 팽창 정책은 계속되었고,

자리를 바꾸든지 늘리든지 해야겠네.

따라서 미국과는 반대의 이념인 공산주의로 세력을 넓히던 소련과의 마찰이 불가피했어.

이것을 바로 '냉전'이라고 해.

냉전은 '무기를 사용하지 않는 전쟁'이란 뜻으로,

몽둥이를 들고 하는 눈싸움이라고 표현하기도 했어.

눈싸움?

직접적인 공격만 없었을 뿐 그 어느 때보다 긴장감이 감도는 시대였지.

미국과 소련의 이러한 외교정책을 비판하는 용어가 '패권주의'야.

으잉?

패권주의: 강대한 군사력에 의하여 세계를 지배하려는 강대국의 제국주의적 대외정책을 비난하는 용어.

미국의 패권주의는 베트남전쟁으로 드러났지.

베트남은 고무, 커피, 면화 등의 농산물과 텅스텐, 주석 등의 풍부한 자원을 가지고 있어서

많은 나라가 침을 흘리곤 했는데 처음으로 그 목적을 달성한 나라는 프랑스였어.

베트남은 우리 거야!

이후 베트남에서는 일본의 침략과 잠시 동안의 독립,

일본 침략

독립

또다시 프랑스와의 전쟁 등 수난의 역사가 계속됐어.

작작 좀 해라!

프랑스 전쟁

호찌민이 이끄는 베트남군이 1954년 5월 디엔비엔푸 전투에서 프랑스군을 몰아내며,

호찌민(胡志明, Ho Chi Minh, 1890년~1969년)

마침내 독립이라는 마침표를 찍으려는 순간,

드디어 해방!

잠시만요~.

미국이 새로운 방해꾼으로 등장했지.

실례하겠습니다.

주변 국가들의 공산화를 막기 위해서라는 도미노 이론을 내세웠지만,

사실은 인도차이나 반도에서 미국의 영향력을 유지하려는 속셈이었지.

도미노 이론: 한 나라의 정치체제가 붕괴되면 그 강한 파급효과가 이웃나라에도 미친다는 이론.

미국의 개입으로 결국 베트남은 공산주의가 지배하는
북베트남과 미국이 지원하는 남베트남 반공정권으로 분단되지.

이거 어디서 많이 본 장면인데?

......

그러나 남베트남의 응오딘지엠 정권은 부패와
무능 그리고 탄압 정치로

응오딘지엠(吳廷琰, Ngo Dinh Diem, 1901년~1963년)

독립과 통일을 바라는 베트남
민중들의 희망을 짓밟기 시작했어.

이런 베트남 사회의 혼란이 또다시
전쟁을 불러왔지.

전쟁
왔습니다~.

공산주의 이념의 전파를 우려하던
미국은 본격적으로 전쟁에 개입했어.

거기 멈춰!

미국의 구축함을 향해 북베트남이 먼저 공격을
했다는 이른바 '통킹만 사건'을 계기로,

뭐, 살다보면
거짓말도 하고
그러는 거지.

통킹만 사건: 1964년 베트남 동쪽 통킹만에서 일어난 북베트남의
경비정과 미군의 해상 전투 사건. 1971년 미 국방부 보고서에서
미국 측이 조작했을 가능성이 제기되었으며, 1995년 베트남전 당시
미국 국방장관이었던 로버트 맥나마라도 미국의 자작극이었음을
고백했다.

호찌민이 이끄는 북베트남을 폭격하면서 베트남에
대한 전면 공격을 시작했지.

베트남전쟁은 다윗과 골리앗의 싸움과도
같았어.

미국에겐 공산주의의 확산을 막고 베트남 민족을 해방시킨다는 명분의 전쟁이었고,

우리로서는 정당한 전쟁이었어.

이 세상에 정당한 전쟁이 어딨어요?

......

베트남 민중들에게는 자신들의 독립과 통일을 위해 강대국에 맞선 전쟁이었던 거야.

이야아!

안 돼!

미국은 3,000℃의 열을 내뿜으며 정글을 불바다로 만드는 네이팜탄을 계속 투하했고

정글에 숨은 베트콩을 끌어내기 위해 나뭇잎을 말려 죽이는 고엽제를 뿌렸지.

베트콩: 베트남 공산주의 군사조직.

하지만 베트콩의 기세는 꺾이지 않았고 오히려 더 깊은 정글로 들어가 게릴라 전술로 맞섰지.

게릴라 전술: 적이 점령하는 지역에서 정규군이 아닌 주민 등이 열세한 장비를 가지고 기습·습격 등을 감행하는 전투형태.

베트남군의 이른바 '구정공세'라 불리는 대담하면서도 유명한 공격도 이때 일이야.

1968년 1월 구정 설날 휴전을 제의한 북베트남 정규군과 게릴라 7만 명이

미국이 방심한 사이 남베트남의 36개 도시에서 동시에 기습작전을 펼쳤지.

어휴~. 간 떨어질 뻔 했잖아.

하아~

하아~

......

한편 미국의 베트남 개입이 국제법 위반이라는 주장이 나오고,

이거 점점 심해지는데?

각종 언론을 통해 베트남전쟁의 잔혹함을 접한 미국 내에서는

전쟁을 반대하고 징집을 거부하는 시위가 열리는 등

연일 자유와 평화를 외치는 소리가 미국 전역에 울려 퍼졌어.

결국 닉슨 대통령은 1969년 5월 미군의 철수를 결정하지.

철수!

이렇게 전쟁은 끝나고 1976년 남북을 아우르는 베트남사회주의공화국이 수립돼.

베트남전쟁이 미국의 입장에서는 명분과 실리 모두를 잃고

역사상 최초로 패배한 전쟁이었고,

쌤통이다!

어헝헝헝!

베트남에게는 외세의 침략을 이겨내고 통일국가를 수립한 자랑스러운 전쟁이 되었어.

부럽다~.

훗!

미국 입장에서 베트남전쟁은 어떤 의미였을까?

미국의 자본주의 시장의 보호라는 경제적 이익과

공산주의 국가의 탄생을 막고자 하는
정치적 계산이 반영된

지극히 미국의 이익을 위해 수행된 전쟁이라는
평가를 받았어.

베트남전쟁의 종결을 위한 베트남평화회담의 미국 측
수석대표 해리먼도 이렇게 말했지.

"남베트남에서의 투쟁의
승부는 이미 결정이 난 것이나
다름없다. 한쪽은 자기 민족을
억압한 식민지 세력에
협력한 사람들이
이끄는 집단이고,

다른 한쪽은 긴 독립,
반식민지 투쟁에
몸 바쳐 싸운
애국자들이 이끄는
집단이다.

어느 쪽 지도자들이
베트남인을 더 사랑하는가는
분명한 사실이다.
민중의 사랑을 받는 쪽이
결국은 승리할 것이다."

이 전쟁은 미국이 실패할 수밖에 없는
전쟁이었다고 해.

전쟁의 무서움과 비참함, 그리고 공포를 알려 준
베트남전쟁의 가장 큰 교훈은

인류의 역사에 전쟁이 다시는 되풀이되어서는
안 된다는 것일 거야.

하지만 이런 교훈에도 불구하고,

80년대에는 현대판 종교 전쟁이라 불리는 이란 이라크 전쟁이 발발해서 거의 8년 동안 중동의 땅을 피로 물들었어.

호메이니

사담 후세인

이란 이라크 전쟁은 두 나라가 자신들이 가지고 있는 모든 힘을 총동원한 총력전이었는데

양측 모두 전쟁에 지쳐 가던 중

이제 그만했으면 좋겠는데.

지겹다.

유엔안전보장이사회의 휴전 결의안을 받아들여 막을 내리게 되지.

자, 이제 그만 서로 화해해.

UN

그런데 이 전쟁과 미국이 무슨 상관이 있을까?

저요?

화들짝

비록 참전은 하지 않았지만 아주 밀접하게 관련이 있단다.

?

소근 소근

......

미국은 1960년대부터 이라크와 상당히 가깝게 지냈어.

미국이 중동지역에 관심을 쏟는 이유는 석유 때문이지.

난 이게 그렇게 좋더라~.

I ♥ OIL

이란 이라크 전쟁 당시 미국은 석유 매장량이 세계 2위인 이라크의 후원자가 되어,

후세인에게 첨단 무기와 생화학 무기 등을
제공하는 등

그런데 이라크의 후세인이 쿠웨이트를 침공하며
걸프 전쟁을 일으키자,

이라크를 자신의 편으로 만드려고 노력했지.

아이고, 뭘
이런 걸 다~.

우리는
형제니까.

군수물자

미국으로선 기가 막힐 노릇이었지.

크으으~,
캐라는 석유는
안 캐고
전쟁을……

탁

이라크가 쿠웨이트를 공격한 이유는

나름 명분이
있는 거라고.

어흠!!

첫째, 쿠웨이트가 이라크의 석유를
훔쳐 가고 있다는 것이었고,

쿠웨이트

둘째, 쿠웨이트의 일부가 원래 자기들 영토라는 거였지.

이라크

우리 땅을
되찾겠다는데 뭐!

쿠웨이트

이라크의 주장은 쿠웨이트 지역에 매장된 석유를
탐낸 강대국이 나라의 일부를 빼앗아 갔다는
거였어.

그거 우리
거 아냐?

뭔 소리? 이거
쿠웨이트에서 샀거든?

강대국

결국 강대국의 욕심이 부메랑처럼 피해 당사국들에게 전쟁이라는 비극으로 돌아온 거야.

강대국

이라크는 그동안 이란과의 전쟁으로 다져진 정예병과 막강한 화력을 앞세우고

쿠웨이트를 침공하여 불과 3시간 만에 쿠웨이트의 수도를 함락시켰고,

으악!

사우디아라비아까지 넘보며 공격을 준비했지.

이라크

사우디 아라비아

미국은 중동의 석유 시장을 이라크에 통째로 빼앗길지도 모른다는 생각에 마음이 급해졌어.

이러다간 설마

그렇게 되면 경제상황이 악화되는 것은 물론이고,

안 돼!

국제사회에서의 위상에 큰 타격이 있을 것이라 생각했지.

......

미국 놈들, 그렇게 설레발치더니, 꼴좋다!

결국 미국은 사우디아라비아를 방어하기 위해 6척의 항공모함, 46만 명의 병력, 1,300대의 최신 전투기 등 엄청난 병력과 물자, 최신 무기들을 걸프 만에 배치했고,

떼벌 떼벌

듣고 있니?

항공모함 6척 병력 46만 명 전투기 1,300대

우와~.

미국의 주도로 32개국이 합류한 다국적군이 결성되었지.

다 모였나요? 이름 부를게요. 영국, 호주, 프랑스……

네~ 네~ 네~

영국 호주 프랑스

전쟁을 막기 위한 국제사회의 노력에도 불구하고 1991년 1월 16일 '사막의 폭풍작전'이라 명명된 걸프전이 시작되었어.

걸프전은 예전의 전쟁과는 너무나 다른 전쟁이었지.

마치 최첨단 무기의 전시장 같았어.

무기전시

와아-

입구 ↑

이라크의 스커드 미사일을 공중에서 맞추는 미국의 패트리엇 미사일이 등장했고, 미국의 최신 전투기 F-16, F-18 전투기는 귀신처럼 이라크군의 전차를 찾아 공격했어.

F-16

하인~

F-18

이런 전쟁의 풍경을 마치 영화를 보듯이 안방에서 뉴스를 통해 매일 시청한 사람들은

뭐야, 새로 나온 영화인가?

전쟁한대요.

그 화려한 공격으로 고통 받는 사람들의 아픔을 생각할 겨를이 없었지.

미국의 최첨단 무기 앞에 이라크의 무기는 한낱 고철덩어리에 불과했고

이라크는 미국의 무차별 폭격에 국토 전역이 쑥대밭이 되어

결국 전쟁이 시작된 지 42일 만에 이라크는 항복하고,

......

이라크

미국은 다시 한 번 세계최강국임을 증명해 냈어.

으익

또한 중동 지역에서의 영향력 확대라는
막대한 이익까지 챙겼지.

이제 석유 걱정은
없겠구만.

이 전쟁을 통해 미국은
스스로 세계 유일의
패권국가라는
사실을 전 세계에 알렸어.

더 이상 미국의 적수가 없다고
생각하던 바로 그때,

내가
최고야!

……

미국의 심장에 테러가 발생해 뉴욕의 상징인
세계무역센터가 무너진 거야.

'알카에다'라고 알려진 이슬람 근본주의 테러조직이

이슬람 근본주의 이슬람 교리를 정치·사회질서의 기본으로 삼아
이슬람교의 원점으로 돌아갈 것을 주장하는 운동.

미국에 대한 반발과 적대감을 테러라는 방법으로
드러낸 거였어.

퍼

억!

테러

억

미국은 알카에다의 배후로
이라크의 후세인을 지목하고
2003년에 다시 이라크를 침공했어.

겉으로는 이라크에 존재한다는
대량살상 무기 제거와 테러 지원에
대한 보복이었지만

위험한 무기는
모조리 없애!

사실은 이라크의 엄청난 석유를
노린 의도적 침략이라는 것이
국제사회의 일반적인 생각이야.

그래도
전리품은
챙겨야지~.

새로운 전쟁, 새로운 고민

지구의 70퍼센트가 무엇으로 이루어졌는지 아시나요? 바로 물이에요. 물은 우리 주변에서 흔하게 볼 수 있는 것 같지만 사실 그렇지 않다고 해요. 70퍼센트 중 97.2퍼센트는 소금기가 있는 물로 우리가 사용할 수 없고 나머지 2.8퍼센트의 대부분도 우리가 지금 당장 사용할 수 없는 극지방의 빙하나 지하수로, 사람이 먹을 수 있는 물은 고작 0.001퍼센트에 불과하다고 해요. 물론 0.001퍼센트라 할지라도 골고루 나누면 전 세계 인류가 충분히 사용할 수 있는 양이라지만, 문제는 이 0.001퍼센트 중 대부분이 유럽 등 일부 지역에만 몰려 있다는 거예요. 이런 물 부족 현상은 전 세계의 사회적 문제로 대두되고 있고 더 나아가 전쟁이라는 심각한 문제가 되고 있어요.

2010년 발표된 UN 미래포럼 '세계 미래 연구 이슈와 정책적 시사점'에서 '10년 안에 물 부족으로 인해 세계 각 지역에서 전쟁이 일어날 수 있다.'는 전망을 내놓았어요. 우리 주변에서 흔하게 보는 것이 물인데, 그 물이 부족해서 전쟁이 일어난다는 것이었죠.

세계의 과학자들은 이미 이런 결과를 경고해 왔어요. 1995년 세계 물정책 연구소의 샌드러 포스텔 소장은 "지금과 같은 선진국의 물 과소비와 제3세계의 수자원을 둘러싼 갈등이 즉각 조정되지 않을 경우 군사 분쟁으로 비화될 수 있다. 20세기의 국제사회간 분쟁 원인이 석유에 있다면 21세기는 물이 분쟁의

리비아의 오아시스. ©Sfivat

원인이 되는 시대가 될 것이다."라고 물 부족 현상의 심각성을 이야기했어요.

다르푸르의 난민들.

1967년 이스라엘은 시리아가 요르단 강 상류에 건설하려는 댐에 위기감을 느끼면서 아랍과의 전쟁을 벌이게 되요. 주변국과의 여러 가지 정치 문제와 함께 물 문제까지 맞물리면서 전쟁이 일어나는데, 이를 제3차 중동전쟁 또는 6일전쟁이라 부르지요.

또한 최근 아프리카 수단의 다르푸르에서 일어난 참혹한 분쟁도 기후 변화로 인해 국토가 사막화되면서 발생한 물 부족이 결정적인 원인이었어요. 유목과 농경을 하는 주민들 간의 갈등이 첨예하게 대립하면서 20만 명이 죽고 220만 명이 난민이 되는 끔찍한 일이 발생한 것이지요. 현재 수단의 다르푸르 지역은 해결의 기미가 보이지 않아 세계적 관심의 대상이 되고 있다고 해요. 하루빨리 수단에서의 재난이 해결되었으면 좋겠어요.

3월 22일은 1992년 전 세계적으로 식수 부족 문제가 날로 심각해지자 UN이 물과 관련된 중요한 문제에 대하여 적극적인 관심을 갖자는 취지로 제정한 '세계 물의 날(World Day for Water)'이에요. 이제 우리는 물로 인해 전쟁이 발생하는 것을 막아야 하고, 그러기 위해서는 국제적 협력으로 물을 관리하고 사용하려는 노력이 필요해요.

우리나라도 UN이 발표한 물 부족 국가에요. 평소 물을 아껴 쓰고 관리하는 생활 속의 습관을 갖는 것이야말로 세계적 물 부족 문제를 해결하는 첫 걸음이라는 것을 잊지 말아요.

9장 또 다른 전쟁의 위협, 테러

프랑스 혁명을 다룬 5장에서 공포정치에 대해 이야기한 적이 있어.

혁명 이후 국내외에서 벌어지는 전쟁으로 곤란을 겪던 정부가

아~ 무슨 좋은 방법이 없을까?

정부

반대파들을 모두 처형해 프랑스 사회가 공포에 떨었다는 내용이었지.

정부

오늘날 뉴스에 자주 등장하는 '테러(terror)'라는 단어는 프랑스어의 '공포(La Terreur, 테뢰르)'에서 유래했는데,

알겠냐?

네~.

테뢰르
↓
테러

이번 장에서는 바로 이 테러에 대해 알아보려고 해.

안녕?

나는 테러라고 해.

Hi~

테러

테러는 어떤 정치적 목적을 달성하기 위하여 직접적인 공포 수단을 이용하는 것을 말해.

물론 '테러도 전쟁인가?' 하는 의문이 생길 수도 있어.

사실 테러는 전쟁과 이름만 다를 뿐 전쟁과 맞먹는 수준이야.

우리는 같아요!!

전쟁   테러

그만큼 테러를 일으키는 조직들이 의도적으로 위험하고 폭력적인 활동을 하고 있다는 뜻이지.

ㅋㅋㅋㅋ!   하하하!

특히 2001년 9월 11일에 있었던 세계무역센터 빌딩 폭파사건은 전 인류에게 충격과 엄청난 공포를 안겨 준 사건으로,

사람들은 이제 테러가 텔레비전 속 뉴스가 아니라

우리 주변에서 일어날 수 있는 일이라는 것을 깨닫게 되었어.

에비~

그래서 9·11 사건 이후 테러를 막기 위한 각국의 노력은 엄청났지.

힘냅시다!   으어!

테러에 관한 국제 공조체제를
강화하고 테러 관련 정보를
공유하는 등

전 세계가 '테러와의 전쟁'을
선포하고 강력히 대응하려고 했어.

특히 미국은 9·11 테러를 계기로
자국의 안전을 해칠 것이라 의심되는

국가나 인물, 테러 조직과의
직접적인 전쟁을 선포하고,

동맹국가에 강한 협조를 요청하는 등
적극적으로 대처했지.

그러나 노력에 비해 결과는
별로 좋은 것 같지 않아.

테러의 형태도 점점 과격해졌지.

가장 큰 문제는 테러가 불특정 다수를 상대로
많은 사람을 죽이는 방향으로 가고 있다는 거야.

그 대표적인 예가
앞서 이야기한
9·11 사건이야.

2001년 9월 11일 토요일 아침 미국의 항공기 4대가 공중에서 납치되었어.

납치된 비행기 중 두 대는 쌍둥이 빌딩으로 불리는 뉴욕의 세계무역센터로 돌진했고,

한 대는 워싱턴의 국방부 건물인 펜타곤과 충돌했으며,

나머지 한 대는 백악관으로 향하던 도중 숲속에 추락했어.

이 사건으로 네 대의 항공기에 탑승한 승객 266명이 전원 사망했으며,

세계무역센터에서 사망 또는 실종된 사람이 2,500~3,000명, 국방부 건물에서 사망 또는 실종된 사람이 125명에 이르는 등

아무 잘못도 없는 사람들이 엄청나게 희생된 끔찍한 사건이었어.

불쌍해

사실 미국은 앞에서 본 것처럼 수많은 전쟁에 참가했지만

정작 본토는 한 번도 공격을 받은 적이 없었기 때문에,

슈웅
우리는 안전해!
AMERICA

미국의 심장이라 할 수 있는 뉴욕과 워싱턴에서 일어난 테러로 미국인들은 큰 충격을 받았어.

이럴 수가. 제일 안전한 줄 알았는데.

힘내요.

부시

당시 미국의 부시 대통령은 이슬람 테러리스트들과의 전쟁을 공식적으로 선포했고,

사건의 배후로 알카에다의 지도자 오사마 빈라덴을 공개 수배를 하는 등

테러를 일으킨 자들을 검거하는 데에 총력을 기울였어.

이 자식들 못 잡으면

다들 집에 못 갈 줄 알아!

미국은 오사마 빈 라덴의 은신처로 알려진 아프가니스탄을 공격해,

아프가니스탄

뭔가 수상해..

내 생각엔 여기 숨은 것 같아.

결국 두 나라는 기나긴 전쟁을 시작하게 되었지.

하지만 그때부터 거의 10년 동안 전쟁을 했음에도 미국은 9·11 테러의 배후를 명백히 밝혀내지 못했어.

부시 나오라 그래!!

없다고 그래..

오히려 미국의 오폭과 오인 사격으로 수백 명의 민간인이 사망했을 뿐이었지.

그렇다면 테러는 왜 끊임없이 일어나는 것일까?

ㅋ~
이놈의 인기

테러에 대해 지금부터 알아보자.

무엇이든 물어보세요!!

우선 테러가 가장 많이 발생하는 이스라엘과 주변 아랍권의 이야기부터 해 볼게.

인샬라~.

인샬라~.

이스라엘에 원래 살고 있던 민족은 유대민족인데,

안녕?

서기 70년 로마에 의해 유대왕국이 멸망한 이후로

우씨.

이들은 몇 세기 동안 박해와 멸시를 받으며 온 세계를 방랑하다가,

1948년 드디어 고향 땅으로 돌아와 이스라엘 공화국을 세웠지.

여기가 우리 땅이다!

이스라엘 공화국

그런데 수백 년 동안 그 지역에 살던 팔레스타인 사람들은 하루아침에 영토를 빼앗기게 되었어.

아하하하!!

이렇게 유대인과 팔레스타인에 살던 아랍인 간의 싸움이 시작된 거야.

UN의 중재로 이 지역을 둘로 나누는 투표를 했지만,

……

투표소
투표소
UN
투표

인구가 훨씬 많은 팔레스타인 사람들에게 영토의 30%만이 주어진 까닭에

UN

결국 팔레스타인 사람들이 강제 이주를 할 수밖에 없었어.

아하하~ 우리 땅이다!

현재 우여곡절 끝에 팔레스타인 자치정부가 구성되어 서로 공존의 길을 모색하려 하지만

아직까지도 늘 갈등과 충돌로 불안한 상태야.

한편 1948년 이스라엘이 공화국 선포를 하자마자

공화국으로 선포하노라!!

이집트, 시리아, 요르단, 레바논 등의 주변 아랍권 국가들은 이스라엘에 선전포고를 했어.

싸우자!

전쟁이야!

이렇게 1982년까지 모두 다섯 차례에 걸쳐 중동전쟁이 진행되었지.

중동전쟁

모두들 화력이 월등하게 센 아랍연합군이 일방적으로 승리할 것이라 예상했지만

잘 부탁해...

놀랍게도 승리의 여신은 이스라엘 편이었어.

......

이스라엘은 화력의 세기만이 전쟁의 승패를 결정하는 게 아니란 것을 보여 주었지.

미련한 게 덩치만 커서~

오~

오~

전쟁이 지속되는 와중에도 아랍인은 자신들의 영토를 찾겠다며 테러를 일삼았고,

모두 쓸어버렷!

이를 용납할 수 없었던 이스라엘의 보복 테러도 이어졌어.

질 수 없지! 우리도 간다!

특히 주목해야 할 것은 '6일 전쟁'이라 불리는 1967년의 3차 중동전쟁에서 이스라엘이 6일 만에 이집트의 시나이 반도와 시리아의 골란 고원을 점령한 이후에

아랍의 이스라엘에 대한 테러활동이 본격화되기 시작했다는 사실이야.

이것들이 정말,

보자보자 하니까~.

이때부터 아랍이 이스라엘을 견제하기 위한 수단으로

좋은 방법이 없을까?

전면전쟁보다는 테러를 선택했거든.

전면전쟁

테러

1968년에는 35건, 1969년에는 85건의 항공기 납치사건이 일어나는데,

뜨는 족족 납치구만.

이는 테러의 활동 범위가 중동을 벗어나 전 세계로 확대되었다는 것을 말해 주지.

마땅히 수출할 것도 없고...

말이 되냐?

그래서 전문가들은 1968년을 국제 테러리즘이 본격적으로 시작된 해라고 해.

이제 테러는 어느 한 나라에 국한된 문제가 아닌 국제적인 문제가 된 것이지.

어디가 좋을까?

테러

1972년 9월 서독 뮌헨 올림픽 때 있었던 테러 사건이 대표적인 예야.

무장운동과 테러로 팔레스타인의 독립을 이루려는 단체 '검은 9월단' 소속의 단원 8명이

이스라엘 선수촌을 습격하여 이스라엘 육상선수 9명을 인질로 잡고,

죽기 싫으면 가만히 있어.

철컥!!

이스라엘 정부가 구금하고 있는 234명의 팔레스타인 정치범의 석방을 요구했어.

석방하라!

결국 진압 과정에서 5명의 테러리스트가 사살되고 3명을 사로잡은 것으로 상황은 끝났지만

POLICE LINE   POLICE LINE

POLICE LINE   POL

인질로 잡혀 있던 이스라엘 선수 9명 전원과 진압 경찰 2명이 사망했어.

히익!

게다가 이 모든 사건들이 텔레비전으로 각국에 보도되어

NEWS   NEWS

검은 9월단의 테러는 전 세계적으로 비난을 받았어.

으악! 이게 뭐야?!

비난의 화살들

아무리 그들의 요구가 정당하다 할지라도

우리들의 요구는 정당해!!

그렇다 하더라도……

민간인에 대한 무차별 공격은 당연히 비난받을 수밖에 없지.

사람들한테는 그렇지 않지.

물러가라!! 검은 9월단!!

테러 아웃

이스라엘과 아랍권의 갈등은 잘못 끼워진 첫 단추와 같아서

근본적인 문제부터 해결해야 하는데 그게 쉽지가 않아.

근본이 보이질 않아요.

게다가 테러의 모습은 점점 더 복잡해지고 있어서

하하하

테러

마치 고르디우스의 매듭 같다는 생각이 들어.

그리스 신화에 등장하는 '고르디우스의 매듭(Gordian knot)'은 '대담한 방법을 써야만 해결되는 문제'라는 뜻으로 사용되지.

고르디우스의 전차에 묶인 매듭이 너무 복잡하게 엉켜 있어서 아시아의 왕이 될 사람만이 풀 수 있다고 전해졌는데, 마침 그곳을 지나던 알렉산더 대왕이 단칼에 매듭을 끊어 버렸다고 해.

알렉산더 대왕 같은 누군가가 나타나 그 매듭을 과감하게 끊어 주었으면 좋겠지만

워워...

ㅋㅋㅋ

그럴 수 없다면 신중하고 차분하게 문제를 해결할 방법을 찾아야겠지.

깜짝이야

많이 놀랐냐?

그 해결책을 제시해 준 사례가 바로 남아프리카공화국이야.

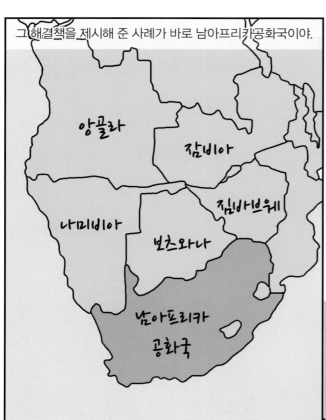

17세기에 유럽인들이 남아프리카공화국의 금과 다이아몬드를 노리고 이주해 온 이후로

흑인과 백인의 차별 문제가 시작되었는데,

크하하하! 저리 가라, 저리 가!

19세기 영국의 식민지가 되면서 그 갈등은 더욱 깊어졌지.

……

그러던 중 1945년 정권을 잡고 있던 백인들은 '아파르트헤이트'라는 인종차별 정책을 시작했어.

아파트요?

……ㅇ

'분리', '격리'라는 뜻의 이 정책은 모든 사람을 백인, 흑인, 유색인, 인도인 등으로 등급을 나누어,

인종별로 거주지와 출입구역을 분리하고 등급 간 결혼을 금지한 인종차별 정책이야.

너네는 다른 등급과 결혼하면 안 돼~!

네~

사상 유례없는 백인 지상주의 국가를 만든 셈이지.

백인 지상주의

전 세계는 이런 차별 정책에 반대하며 남아공이 올림픽, 월드컵 등의 국제 행사에 참가하지 못하도록 했어.

흑흑······.

한편, 남아공에서의 흑인의 권리와 자유를 주장한 아프리카민족회의(ANC)는

어흠

정부의 정책에 대해 평화적·비폭력적으로 대항했지만,

우리 대화로 합시다.

정부의 정책은 변화의 기미가 보이지 않았어.

NO!

결국 이들은 평화적인 저항만으로는 자신들의 뜻을 이루기 어렵다는 생각에

방법이 없습니다.

음······.

무기를 들고 목소리를 높이기 시작했어.

이때 등장한 인물이 아프리카민족회의 지도자 넬슨 만델라야.

넬슨 만델라가 흑인 민권 운동에 앞장서자,

나를 따르라!

와아~

1964년 남아공 정부는 그에게 반역죄를 적용시켜 감옥에 집어넣었어.

넬슨 만델라(Nelson Rolihlahla Mandela, 1918년~)

대통령이 된 넬슨 만델라는 그동안 일어났던
많은 일들에 대해 먼저 민족의 화해와 협력을 호소하면서,

서로 조금씩
이해하고 도웁시다.

흑인과 백인의 대립과 격차를 줄이기 위해 노력했고,

더 나아가 흑인 간의 충돌을
해소하고 경제 불황을 극복하는
계획을 추진했어.

그리고 '진실과 화해위원회'를
결성하여 과거사 청산을 실시했지.

우리
그만합시다.

과거 흑인들을 탄압했던 자들이
진심으로 죄를 뉘우친다면 사면해
주었어.

미안해요.

만약 흑인들이 선거에서 승리한 후 자신들이
당한 만큼 보복하겠다는 생각으로 백인들을
공격했다면,

으악!

따라서 이들 모두가 인종차별이라는 커다란 장애를
슬기롭게 극복한 진정한 승리자라고 할 수 있어.

아마도 남아프리카공화국의
미래는 과거보다
더 어두워졌을지도 몰라.

그렇다고
불을 끄면
어떡해요?

딸깍!!

이처럼 현재 인류는 결과를 가늠하기 어려운 테러라는 이름의 새로운 전쟁을 치르고 있어.

테러의 대상이 무차별적이며. 그 목적 또한 불분명한데다가 어느 나라든 테러의 대상이 될 수 있지.

이를 뉴테러리즘이라고 해.

뉴테러리즘은 과거와는 달리 전통적인 테러 방법은 물론이고,

생화학 무기와 사이버상의 공격도 서슴지 않는 등

그들의 공격 범위는 상상을 초월할 정도로 엄청나지.

이런 무자비한 테러를 막기 위해서는

갈등을 평화적으로 해결하기 위한 방법을 찾아야 해.

과학은 우리에게
무엇을 주었나?

　기원전 211년 로마 장군 마르켈루스는 포에니 전쟁이 한창일 때 적국인 카르타고 편에 붙어 있던 시칠리아의 도시국가 시라쿠사를 공격하고 있었어요. 그런데 로마군은 의외의 복병을 만나 고생을 하게 되는데, 그것은 바로 시라쿠사의 과학자이자 수학자인 75세의 노인 아르키메데스(Archimedes)예요. 부력의 원리로 유명한 그는 과학자답게 자신의 지렛대 이론, 도르래의 원리 등을 바탕으로 각종 투석기와 기중기 등의 다양한 신무기를 제작해서 실전에 배치했죠. 이렇게 고대부터 과학은 국가가 치르는 전쟁에 중요한 역할을 해왔어요. 사실 과학자들이 연구 활동을 할 때 처음부터 전쟁 무기 개발을 생각하면서 탐구한 것은 아니었을 거예요. 과학자들의 연구 결과물이 발표되고 이를 응용해서 신기술이 개발되어 새로운 무기 개발로 이어지게 되는 것은 정치적, 군사적, 더 나아가 상업적인 목적을 가진 사람들의 의도가 반영되는 경우이지요.

실험현장을 찾은 오펜하이머(사진 왼쪽).

　미국의 유명한 물리학자 로버트 오펜하이머(John Robert Oppenheimer)는 제2차 세계대전을 끝내기 위한 방편이었던 원자폭탄 제조 계획, 일명 '맨해튼 프로젝트'의 중심인물이었어요. 당시 미국에서는 독일이 먼저 원자폭탄을 만든다면 돌이킬 수 없는 결과를 가져 올 것이라고 생각하고 전력을 다해 연구했지요. 결국 오펜하이머의 주도로 우라늄과 플루토늄을 이용해서 폭탄이 만들어지고 원폭 실험도 성공적으로 치르죠. 이후 '리틀 보이(Little Boy)'와 '팻 맨(Fat man)'이라고 이름을 붙인 원자폭탄이 일본의 히로시마와 나가사키에 투하되면서 마침내 전쟁의 마침표를 찍게 돼요. 그런데 원폭 투하의 처참한 결과에 놀란 오펜하이머는 그 후 다른 나라보다 더 강한 국가

를 만들려는 미국의 수소폭탄 제조 계획에 정면으로 반기를 들어 불행한 삶을 살게 됩니다. 만약 그가 국가의 요구대로 수소폭탄을 제조했다면 분명 많은 명예와 부를 차지했을지도 몰라요. 그러나 그는 원폭 투하 후 "나는 세계의 파괴자, 죽음의 신이 되었다."라는 말을 했어요. 여기서 그의 깊은 고뇌를 잘 알 수 있지요.

물론 전쟁이 과학 발전에 많은 공헌을 하기는 했어요. 전투 중에 쉽게 음식을 먹기 위해 만들어진 것이 통조림이고, 비행기를 추적하기 위한 레이더 개발 중에 발견한 마이크로파는 오늘날 전자레인지의 핵심기술이 되었고, 제2차 세계대전 당시 각국의 전투기, 폭격기에 대한 연구와 투자는 비행기의 발달을 가져왔어요. 그리고 대포의 사정거리나 포탄의 각도 등에 대한 정확한 계산을 위해 만들어진 컴퓨터는 현대 생활의 필수품이 되었으며, 인터넷도 군사적 목적으로 개발된 것이지요.

석관으로 봉해진 체르노빌 원자력 발전소.

과학은 양날의 칼이에요. 잘 쓰면 약이지만 잘못 쓰면 독이 되기 때문이죠. 과학이 문제가 아니라 그것을 사용하는 인간의 의지가 문제인 거예요. 지금 우리가 '전쟁이 가져다 준 혜택'을 누리고 살고 있지만 그것이 과거에 얼마나 많은 사람을 죽이려고 개발된 것인지를 생각해 본다면 과학이 앞으로 인류를 위해 무엇을 해야 하는지 알 수 있을 거예요.

10장 전쟁과 평화

'인류의 역사는 곧 전쟁의 역사다.'
라는 말이 있어.

누가 그랬는데요?

그만큼 전쟁을 통해 많은 것을 해결하며
오늘에 이르렀다는 의미지.

갑자기
왜 때려요?

하지만 앞서 본 것처럼 전쟁은
인간이 저지르는 일 중 가장
잔혹한 파괴행위이며,

으아!

사람
살려!

그 결과는 이루 말할 수 없을 정도로 참혹해.

하지만 많은 사람들이 전쟁을 쉽게 생각하는
경향이 있어.

이런 식이면
전쟁이야!

해
보시지!

동서양을 막론하고 남자아이들은 어릴 적에 전쟁놀이를 하지.

물론 전쟁놀이가 전쟁과 직접적인 관련 있는 것은 아니지만,

인간의 의식 속에 전쟁이 주는 많은 영향들이 자리 잡아

무의식적으로 폭력성을 띤 행동과 의식으로 나타날 수 있거든.

많은 게임들에 사정없이 상대방을 때리고, 건물을 부수고, 총을 쏘는 등의 폭력적인 내용이 들어 있잖아.

그런 의미로 본다면 컴퓨터 게임도 관련이 있어.

그런데 문제는 이런 것이 오락으로만 끝나는 것이 아니라는 거야.

실감나는 게임에 정신없이 빠져들어 누군가를 향해 총을 쏘고

칼을 휘두르기 위해 바쁘게 키보드를 두드리다 보면

내가 마치 영웅이 된 것 같은 기분이 들 수도 있어.

하지만 게임이 끝나면 신데렐라의 마법이 풀리듯 다시 현실 속으로 돌아와야 해.

영웅이 아닌 평범한 인간으로 말이지.

이놈이! 공부는 안 하고!

하지만 일부 사람들은 사이버 세계를 동경하며 그곳에서 했던 것처럼 행동하기도 해.

은폐

뭐하냐?

엄폐

이렇게 컴퓨터에 지나치게 몰두한 나머지 현실과 가상을 구분하지 못했을 때 생기는 증상 중에,

가만 있어...

아오~.

리셋증후군(reset-syndrome)이라는 게 있어.

RESET SYNDROME

컴퓨터가 원활히 돌아가지 않거나 제대로 작동하지 않을 때

리셋 버튼만 누르면 처음부터 다시 시작할 수 있는 것처럼

응?

꾸욱

RESET

현실세계에서도 리셋이 가능할 것으로 착각하는 현상을 말해.

리셋하면 되지 뭐.

리셋 증후군

그게 일인가?

그런데 이런 현상이 전쟁과 무슨 관련이 있냐고?

무슨 상관이람?

리셋 증후군

뭐야?

게임의 폭력성이 우리에게 많은 영향을 미치듯이

여러 매체를 통해 여러 지역의 전쟁, 테러 등의 소식을 자주 접하다 보면

전쟁을 대수롭지 않게 생각할 수 있거든.

컴퓨터 오락에서 상대방을 죽이거나 때릴 때 아무런 느낌도 받지 못하는 것처럼 말이야.

현실의 전쟁도 영화처럼 멋있을 것이라는 착각에 빠져

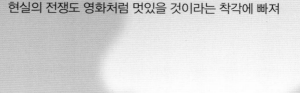

그리고 영화 속 주인공의 화려하고 멋진 액션에 몰두하다 보면

전쟁에 대한 잘못된 지식과 환상을 갖게 될 수도 있지.

전쟁은 화려하지도, 멋있지도 않을 뿐더러

인간의 탐욕과 위선, 추악한 모습이 드러나는 처참한 공간이야.

게다가 전쟁으로 인해 일어나면 안 되는 일들이 전 세계 곳곳에서 일어나고 있어.

무슨 일이요?

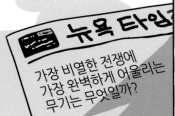

미국의 신문 「뉴욕타임스」에 이런 기사가 실린 적이 있어.

뉴욕 타임

가장 비열한 전쟁에 가장 완벽하게 어울리는 무기는 무엇일까?

정답은 바로 '소년병'이야.

UN에서는 열여덟 살 미만의 병사를 소년병으로 규정하고 있는데,

넌 어른 같은데?

18살 맞아요!!

……

사실 이보다 훨씬 어린 열 살 내외의 어린 소년, 소녀들이 군인으로 징집되어 전쟁에 참전하고 있다고 해.

전 세계 40여 개 나라에서 30만 명 이상의 어린이들이 전쟁터에 내몰리고 있다고 하니 정말 충격적이지 않니?

소년병이 있는 분쟁지역 국가.

「뉴욕타임스」에서는 어린 소년들을 전쟁에 동원하는 이유가

뭐래요?

다루기 쉽고 충성심이 강하고 겁이 없으며,

다 모였나요?

삐비익~

네~에

무엇보다 쉽게 병력을 충원할 수 있기 때문이라고 설명했어.

총 쏴 볼 사람?

저요!

저요!

이런 소년병들의 숫자가 점차 증가하고 있다는 점 역시 무서운 일이야.

전 세계 소년병의 수

으아~!

내전이 길어지면서 고아가 된 아이들이 스스로 입대를 하는 경우도 있지만

무기 제조 기술의 발달로 여자아이들도 들 수 있을 정도로 가볍고

어? 가볍네?

조작이 편리한 소총이 개발된 점,

그런 무기의 가격이 염소 한 마리나 옥수수 한 포대 정도만 주고도 구입할 수 있을 정도로 저렴해진 점도 소년병의 증가 원인이라고 해.

어른들의 욕심으로 전쟁터에 내몰린 아이들은 비록 살인을 했다 해도

그 책임은 아이들을 이용한 어른들에게 있다고 할 수 있지.

당신들이 더 나빠!

물론 국제사회에서 소년들의 징집을 금지하는 '파리서약'에 여러 나라가 서명하도록 했지만 여전히 소년병 문제는 심각해.

웅성 웅성

UN

파리서약

모두 여기 사인해!

이 책을 읽고 있는 여러분 또래나 그보다 더 어린아이들이 지구 저편에서

YOU!!

연필 대신 총을 들고 있는 현실은

연필? 이거 어떻게 쓰는 거야?

찌르는 건가?

글씨를 쓰는 거야.

전쟁이 아니면 절대로 일어날 수 없는 비극적 상황이야.

누구나 전쟁이 아닌 평화를 원한다고 말하지만

I want PEACE!!!

전쟁은 여전히 계속 일어나고 있으니 평화의 길이 멀게만 느껴질 거야.

으이구~.

어디를 그리 급히 가시나?

전쟁

전쟁

평화

하지만 중요한 것은 사람들의 마음이야.

마음이요?

유명한 과학자 아인슈타인은 평화에 대해 이렇게 말했어.

평화는 힘에 의해 유지되는 것이 아니다. 그것은 오로지 이해에 의해서만 유지될 수 있다.

알베르트 아인슈타인(Albert Einstein, 1879~1955)

참호 밖으로 고개를 내밀면 바로 총알이 날아오던 오후와는 너무나 다른 분위기였지.

뭐야? 이게 지금 무슨 분위기야?

고요한 밤~ 거룩한 밤~

독일군 참호에서 시작된 이 노래를 영국군이 함께 부르면서 분위기가 점점 고조되어

고요한 밤~

거룩한 밤~

양쪽의 병사들은 "우린 쏘지 않겠다. 너희도 쏘지 마라!"라고 외쳤어.

쏘지 마!

알았다!

이때 한 독일군 병사가 참호 밖으로 나와 영국군 쪽으로 걸어와서는

쏘지 마.

쏘지 마.

작은 나무에 초를 단 크리스마스트리를 땅에 내려놓았어.

영국군 쪽에서도 몇몇 병사들이 나와 서로 악수를 나누며 인사했지.

메리 크리스마스.

이들은 주변을 돌아보며 전사한 사람들의 시신들을 거두며 합동으로 장례식을 치르고,

아이고, 이 친구야~

명복을 비는 기도를 함께 올렸어.

아멘.

이들의 평화는 여기에서 그치지 않았어.

그럼요?

장례식이 끝난 후 축구를 좋아하는 나라의 젊은이들답게 신 나게 축구 경기를 벌였지.

축구
좋아해?

응, 좋아해!

비록 진흙탕의 운동장이었지만 그곳에는 젊음의 함성과 웃음으로 가득했어.

경기가 끝난 후, 병사들은 기념사진을 찍고 보급물품을 선물로 교환하고

빨리 와!!

정답게 모여 이야기꽃을 피우며 크리스마스의 기적을 만끽했어.

사실 전쟁에 참전한 병사들은 상부의 명령에 의해 총을 쏜 것이지

특별하게 거창한 목적으로 전쟁에 참여했던 게 아니었어.

하라니까 한 거지~.

이들에게는 그저 죽음의 공포에서 벗어나고 싶은 작은 소망이 있었을 뿐이었지.

죽음

이때의 일을 기록한 영국군 장교는 이렇게 이야기했어.

우리는 크리스마스를 축하하는 독일군과 대화를 나누었다. 그리고 독일 정찰대와 위스키와 담배를 교환하였다. 어떤 적대적인 행위도 벌어지지 않았다.

또 어떤 영국군 병사는 자신의 부모님에게 당시의 상황을 편지로 자세히 전했지.

여보, 아들에게서 편지가 왔소!

이 글에서 병사의 흥분된 얼굴과 벅찬 감동이 느껴지지 않니?

"한번 생각해 보세요! 몇 시간 전에 서로 죽이려던 사람들과 같이 악수하고 이야기도 나눴어요! 정말 굉장하죠!"

인생을 살다 보면 오해와 갈등으로 서로 싸우기도 하고 화해를 하기도 해.

이게 진짜!! 어쭈!!

N2

'싸우면서 정든다'라는 속담처럼 때로는 싸우기 전보다 사이가 좋아지는 경우도 있어.

밥 먹었냐?

아니, 너는?

나도.

중요한 것은 마무리를 어떻게 했느냐 하는 것이지.

S

N2

전쟁도 사람이 하는 것이니만큼 마찬가지일 거야.

크리스마스 휴전 이야기는 참혹한 전쟁터에서 피어난 아름다운 꽃 같다는 생각이 들어.

아~ 아름다워…

그러시겠죠~.

비록 병사들은 하루 만에 다시 끔찍한 전쟁으로 돌아가긴 했지만

탕!!

모두 자리로 돌아가!

이들의 용기는 갈등과 충돌로 전쟁과 테러라는 큰 고통을 겪는 현대인들에게

너랑 나는 절대 평화로울 수가 없어!

저기요, 잠깐만요.

평화에 이르는 길이 그렇게 복잡하지 않다는 것을 알려 줬어.

이 길로 쭈욱 가면 돼.

평화

전쟁터에서 만난 사람들이 사실은 끔찍한 악당이 아닌

나와 같은 누군가의 가족이고 친구라는 인식을 하게 되었을 때,

누구야, 부모님?

응. 너도?

그들의 손에는 총 대신 꽃이 들려지게 될 것이고 입에서는 서로를 공격하는 말이 아닌 따뜻한 대화가 오가지 않을까?

그리고 더욱 중요한 것은 상대방을 있는 그대로 이해하고 나와 다르다는 것을 인정하는 태도야.

서로의 생각이 다르더라도 상대방의 생각이 틀린 것이 아니라,

다르다

틀리다

응?

자신과 다르다는 것을 인정하는 의식이야말로

다들 준비됐지?

소박하지만 진정한 평화의 출발점이라는 사실을 기억해야 해.

하나, 둘!

하나, 둘!

하나, 둘!

평화

크리스마스의 기적에서 본 것처럼
평화는 거창한 약속이 아니라
작은 실천에서 시작돼.

메리
크리스마스!

물론 말처럼 쉽지 않지 않지만

전쟁의 포화 속에서
외롭게 평화를 실천해
많은 사람들에게 감동을
준 경우가 많이 있어.

정말요?

가장 대표적인 경우가 적십자야.

사랑 나눔
구호물품
대한적십자사

적십자는 전 세계 186개국에서 9,700만 명의
자원봉사자가 활동하는 구호 단체인데,

이야~.

우와~.

이 단체도 장 앙리 뒤낭이라는 사람의 작은 실천에서
시작되었어.

안녕?

장 앙리 뒤낭(Jean-Henri Dunant, 1828년~1910년)

1856년 뒤낭은 이탈리아의 솔페리노에서 벌어진
프랑스와 오스트리아의 치열한 전투를 보고 큰 충격을
받았어.

뒤낭

고작 반나절 동안 치른 전투에서 아무런 조치 없이
죽어 가는 4만여 명의 병사들을 바라보며 그들을
구호할 단체의 필요성을 느꼈던 거야.

그후 뒤낭은 자신의 경험을 『솔페리노의 회상』이라는 책으로 쓰면서

전쟁터에서의 부상자들에 대한 구호 단체의 필요성을 알렸고,

구호 단체가 필요합니다!

결국 1863년 2월 17일 오늘날 국제적십자사의 모체인 국제 부상자 구조협회가 탄생했지.

그의 작은 실천이 인류의 불행을 따뜻하게 감싸 주는 큰 사랑이 되어 국경, 인종, 지역을 초월하여 다양한 활동을 전개하고 있어.

사랑 나눔
사랑 나눔
사랑 나눔
사랑 나눔

구호 물품 대한적십자사

이외에도 여러 단체들이 전 세계를 누비며 다양한 활동을 하고 있어. 가령 '국경 없는 의사회'를 들 수 있지.

MEDECINS SANS FRONTIERES

국경 없는 의사회: 1971년 파리에서 '중립 · 공평 · 자원'의 3대 원칙과 '정치 · 종교 · 경제적 권력으로부터의 자유'라는 목표 아래 전쟁 · 기아 · 질병 · 자연재해 등으로 고통 받는 세계 각 지역의 주민들을 구호하기 위하여 설립한 국제 민간 의료 구호 단체.

'국경 없는'이라는 이름에 맞게 이들은 어떤 나라에 전쟁이나 자연재해가 일어났을 때,

까악!
전쟁이다!

그 나라의 영토와 주권을 무시하는 일이 있더라도

안돼!! 못들어가!!

인도주의라는 대의(大義)에서 인명을 구조하고 치료하는 데 목표를 두고 있어.

환자 잘 잡아.
네.
……
아야야..

이 단체는 1995년 전 세계 NGO로는 유일하게 북한에 들어가 당시 기근과 전염병으로 고통받던 북한 주민들에게 의약품과 의료장비 등을 지원해 주목을 받았지.

NGO(non-governmental organization): 비정부기구, 국제적으로 연대 제휴해 활동을 전개하고 있는 민간조직.

이렇게 평화를 소망하는 용기 있는 마음들이 만들어 내는 기적에 대해

이제 우리도 좀 더 적극적으로 관심을 갖고 참여해야 해.

우리도 끼워 줘.

어떤 사람은 전쟁이 두 개의 얼굴을 가지고 있다고 해.

애비~.

으아아~ 오지 마!

한쪽의 얼굴이 '파괴'라면 다른 쪽의 얼굴은 '창조'라는 거야.

파괴 창조

전쟁

전쟁이 일어나면 지금까지 힘겹게 쌓아 온 인류의 성과들이 거의 파괴되지만,

안 돼!

부숴 버려!

전쟁

파괴된 그 자리에는 이전보다 한층 더 성숙하고 발전된 형태의 새로운 문화가 창조되어 예전 것을 대신한다는 것이지.

어때?

오오~.

전쟁

알렉산더 대왕의 동방원정이 만들어 낸 헬레니즘 문명이 그러하고

중국의 만리장성도 전쟁으로 만들어진 창조물이라는 거야.

물론 오늘날 전쟁의 결과들이 현대를 살아가는 우리들에게 많은 영향을 준 것은 사실이야.

나를 따르라!

와아!!

하지만 오늘날 그 결과가 좋다고 해서 과정이 옳지 않거나,

모든 것은 세계 평화를 위하여!

수많은 전쟁 중에 사라져 간 소중한 생명과 용기 있는 행동의 의미를 간과한다면,

뭐야?

그럴 수도 있지...

전쟁의 창조적 역할은 말장난에 불과한 것 아닐까?

크크크크.

파리

전쟁

창조

중국 춘추전국시대의 전략가 손자(孫子)는 이런 말을 했어.

싸우지 않고 적을 굴복시키는 것이 최선의 방책이다.

전쟁이든 평화든 모두가 인간들이 만들어 내는 거야.

그렇기에 우리 모두 이 복잡한 문제를 풀도록 노력해야 하는 것이지.

전쟁을 결정하는 사람들이 제발 손자가 말한 최선의 방책을 연구하면 좋겠어.

......

그러게요.

스크린에서 만나는 전쟁

'전쟁이라는 극한 상황이 인간에게 어떤 영향을 미치는가?'라는 질문에 대한 대답은 전쟁영화를 보면 알 수 있을 거예요. 죽음과 공포, 용기와 희생 등 전쟁은 인간이 갖고 있는 모든 감정과 지향하는 가치 등에 대한 깊은 성찰을 하게 하거든요. 더군다나 인간의 역사는 전쟁의 역사라 해도 될 만큼 인간은 수많은 전쟁을 겪으며 오늘에 이르렀으니 그 이야기 거리가 얼마나 많겠어요.

인생은 아름다워(La vita è bella, 1997).

영화 〈인생은 아름다워〉에는 전쟁 영화에서 흔하게 보는 전투 장면은 거의 찾아볼 수 없는 아주 특이한 전쟁 영화로, 오히려 한 편의 코미디 영화를 보는 느낌이 들어요. 가족을 지키겠다는 아버지의 절실한 마음과 천진난만하고 순수한 아들의 모습이 영화 속에서 참 아슬아슬하게 느껴지는데, 특히 아들에게 수용소 생활을 신 나는 놀이라 말하며 환하게 짓는 아버지의 웃음은 영화를 보는 내내 마음을 무겁게 만듭니다. 결국 위기의 순간에 아들을 숨기고 독일군에게 끌려가면서 아버지는 마지막 윙크를 보냅니다. 숨바꼭질 놀이를 하는 것처럼. 하지만 곧바로 들려오는 총소리, 그리고 다음날 아침 숨어 있던 아들에게 다가오는 탱크……. 아버지가 말한 수용소 놀이의 1등 상품입니다.

전쟁은 영화 속 평범한 가정의 행복을 아무렇지도 않게 파괴해요. 바로 전쟁의 잔인함이지요. 하지만 영화는 파괴된 행복 위에서 미소를 잃지 않습니다. 아들을 사랑하고 아내를 사랑하고 가족을 사랑하는 한 남자의 모습에서 우리는 전쟁과 맞선 한 남자의 용기를 봅니다. 그에게 용기는 사랑이 있었기에 가능한 것

이었습니다. 사랑이야말로 고난을 극복하는 진정한 힘이라는 진실을 알려 준 작품입니다.

철조망을 경계로 앉아 있는 아이들. 그들은 무슨 이야기를 나누고 있는 것일까요? 영화 〈줄무늬 파자마를 입은 소년〉은 유태인 포로수용소를 배경으로 독일 소년과 유태인 소년의 슬픈 이야기를 다루고 있어요. 아버지를 따라 아우슈비츠에 온 독일 소년은 그곳에서 철조망 안의 유태인 소년을 만나 친구가 됩니다. 이들에게 철조망, 전쟁, 민족, 학살은 아무런 장애가 되지 않습니다. 줄무늬 죄수복을 입은 유태인 소년을 따라 함께 수용소 안으로 들어가는 독일인 소년. 역시 유태인의 줄무늬 옷을 입고 있습니다. 두 손을 꼭 잡은 두 소년은 영문도 모른 채 가스실로 들어가고 둘은 거기서 그렇게 다른 유태인과 함께 죽음을 맞이합니다.

줄무늬 파자마를 입은 소년(The Boy in the Striped Pajamas, 2008).

영화에서 두 소년이 서로를 놓칠세라 두 손을 꼭 잡고 있는 모습은 이 영화에서 가장 잔인하고 슬프고 또 무서운 장면입니다. 아무 것도 모른 채 죽어가는 아이들의 모습을 보면서 전쟁을 왜 하는지, 그렇게 해서 얻는 것은 무엇인지 하는 의문이 듭니다. 영화를 보는 내내 서로에 대한 따뜻한 이해와 순수한 마음을 가진 두 소년의 모습과, 증오와 폭력 그리고 광기어린 어른들의 모습이 대비되어 가슴 한편이 답답해지면서 먹먹해지는 그런 느낌을 주기도 합니다.

융합형 인재를 위한 교과서 넘나들기 핵심 노트

넘나들며 읽기

새롭고 창의적인 키워드를 만들어 내기 위해서는 기존의 개념을 잘 이해해야 합니다. 창의적인 것이란 이 세상에 존재하지 않는 것을 만들어 내는 것이 아니라 기존의 것들을 잘 섞고 혼합하여 폭을 넓히면서 만들어지는 것이니까요. 이 책에서 읽은 내용을 바탕으로 창의적인 사고를 펼쳐 볼까요?

전쟁에도 법이 있다고?

인류의 문명이 시작된 이후, 지구상에서 전쟁이 없었던 날이 며칠이나 될까요? 손에 꼽을 정도라고 합니다. 크고 작은 전쟁이 지구상 어딘가에서 끊임없이 이어지고 있다는 뜻이지요. 인간이 정말로 전쟁을 좋아하는 성향을 타고난 것인지, 전쟁은 사라지지 않을 것인지 등의 질문을 던지기에 앞서 전쟁을 통해서 드러난 우리 자신의 모습을 보는 것이 중요한 이유는 여기에 있습니다. 인류의 역사는 한편으로는 전쟁의 역사이기도 하니까 말이죠.

전쟁이란 현상을 살펴보았을 때 가장 먼저 눈에 들어오는 것은 그 참혹함입니다. 더 파괴적이고 강력한 무기가 없이도 인간은 가장 단순한 형태의 무기만을 사용해서도 잔인하고 끔찍한 양상을 만들어 내었으니까요. 그런 면에서 전쟁은 무엇보다 인간이 얼마나 잔인해질 수 있는지를 보여주는 극단적인 사례라고 할 수 있겠습니다. 너무나 잔인해서 차마 말로 옮기기도 두려워질 정도의 행위들이 인류의 역사를 통해서 너무나 자주 반복되었죠.

하지만 그렇다고 전쟁의 이런 끔찍한 모습만 보고 인간성에 대해 환멸을 느끼기에는 이릅니다. 학살과 파괴만이 전쟁의 전부는 아니었으니까요. 전쟁이란 극한 상황 속에서 사람들은 인간적인 유대와 고귀한 이상을 발견하기도 했거든요. 전쟁 속에서도, 아니 전쟁을 겪었기 때문에, 인간다움을 위한 열망이 더욱 강력해졌던 것입니다.

혹시 제네바 조약이란 말을 들어본 적이 있나요? 제네바 조약은 전쟁이 인간성의 밑바닥까지 떨어지는 참혹한 행위가 되지 않도록 인도적인 원칙을 정한 중요한 약속입니다. 제네바 조약은 세계적인 구호 단체인 적십자를 만든 앙리 뒤낭에 의해서 제창되었습니다. 그는 1859년 이탈리아 통일 전쟁 당시 프랑스와 오스트리아군이 맞붙은 솔페리노 전투에서 전쟁의 비참함을 뼈저리게 느꼈습니다. 그는 전쟁에서 전투행위에 종사하지 않는 민간인을 비롯해 부상병이나 조난자, 포로들에 대해서까지 적대적인 행위가 행해지지 않도록 해야 한다고 생각했습니다. 그래서 그는 세계적인 구호 단체인 적십자를 설립하고 전쟁터에서도 그들이 활동할 수 있도록 국제적인 조약을 만들자고 제안했습니다. 그것이 1864년 처음 체결된 '전쟁에서 군대 부상자의 상태 개선에 관한 협약'으로, 이것이 바로 제1차 제네바 협약입니다. 제네바 협약은 그 뒤로 여러 차례 새로운 조약이 추가되었습니다. 해전에서의 부상자와 난파자를 포함시켰고(제2차), 전쟁 포로의 대우에

대해 규정하고(제3차), 전시의 민간인 보호에 관한 내용도 추가되었습니다
(제4차).

　전쟁에 관한 국제법들은 이러한 역사적 경험 속에서 '전쟁을 피할 수 없다
면 최소한의 규칙은 정하자. 그렇게 해서 무질서 속에서 더 끔찍한 양상으
로 발전하는 것은 막자'는 의도로 만들어진 것입니다. 물론 이러한 국제법은
저절로 지켜지는 것은 아닙니다. 지금도 종종 전쟁에 관한 국제법을 어겨서
비난받는 일이 벌어집니다. 국내법을 어기면 국가가 처벌하지만, 국제법은
약속이기 때문에 간접적인 제재밖에는 할 수 없습니다. 그러다보니 국제법
을 어기는 일이 자주 발생하는데 전쟁이라는 상황에서는 더욱 자주 벌어지
는 것입니다.

　하지만 그렇다고 해서 전쟁에 관한 법들이 무의미한 것은 아닙니다. 그것
은 전쟁을 경험한 인류가 인간답게 살기 위해서 스스로에게 정한 약속과 같
은 것이기 때문입니다. 어떠한 강제성이 없더라도 인간다움을 열망하는 양
심이 있는 한 지켜야 할 소중한 가치인 것입니다.

더 생각해 보기

• 전쟁은 인류 역사에서 완전히 사라질 수 없다는 이야기를 하는 사람들이 있습니다. 하지
만 그렇다고 전쟁을 없애기 위한 노력을 하지 말라는 이야기는 아닐 겁니다. 전쟁을 없애
기 위해서 어떤 노력을 해야 할까요?

넘나들며 질문하기

창의적 독서란 책이 주는 정보를 정보 그대로 이해하는 것이 아니라 자기 것으로 만드는 독서를 일컫는 말입니다. 이 책에서 넘나들기를 한 분야 외에 세상의 많은 분야와 정보가 모두 이 책을 중심으로 뻗어나갈 수 있을 것입니다. 이 질문은 여러분들이 창의적인 상상을 할 수 있도록 도와주는 것들입니다. 최선의 답은 있으나 정답이 있는 것은 아닙니다. 책의 내용과 관련지어 다음과 같은 질문들에 간단하게 생각을 해 봅시다.

질문

"역사에 있어서 가정은 무의미하다." 이 말은 역사란 실제로 일어난 사건들이 중심이며 일어나지 않은 일을 안타까워한다고 해서 이미 벌어진 일들이 달라지지 않는다는 말입니다. 하지만 그렇기 때문에 역사에서 "만일 상황이 달랐더라면 어떻게 되었을까?"를 생각해 보는 일이 흥미로운 것이기도 합니다. 역사에서 유명한 전쟁을 하나 골라서,

1) 원인과 과정, 결과를 간단하게 정리한 뒤
2) 만일 승패가 달라졌다면 어떻게 역사가 달라졌을지 상상해서 적어 보세요.

힌트!

이런 가정을 통해 전쟁의 역사적 중요성을 알게 될 수 있습니다. 만일 임진왜란에서 조선이 패했다면 현재 우리가 이렇게 살고 있을 수 없겠죠.

질문

"만일 전쟁의 승패가 달라졌다면 어떻게 되었을까?"를 생각해 보는 일은 역사적 사건의 중요성을 이해하는 데 도움이 됩니다. 세계사 책을 공부하면서 전쟁의 연표를 만들어 보세요. 세계사의 흐름을 바꾼 중요한 전쟁들(이 책에 등장한 것들을 포함해서)을 큰 종이 위에 순서대로 적으면서 전쟁의 역사적 의의를 정리해 봅시다.

힌트!

이런 활동은 역사적 지식을 자기 것으로 만드는 데 큰 도움이 됩니다. 역사란 단순히 사건의 나열(연대표)로 끝나는 것이 아니라 사건들의 연관성을 이해하는 것이기 때문입니다.

'총성 없는 전쟁'이라는 말이 있습니다. 실제로 무기를 들지 않았을 뿐, 서로 입장을 달리하는 세력들이 서로 다른 한쪽을 이기기 위해 치열하게 경쟁을 하는 상황을 말합니다. 현실에서 이렇게 '총성 없는 전쟁'이라는 말을 붙이기에 적절한 상황을 찾아보세요.

일상생활에서 많은 것들이 '전쟁'에 비유됩니다. 사람들의 삶이 전쟁과 얼마나 밀접하게 관련되어 왔는지를 보여주는 것이겠지요? 친구들끼리 싸우는 것은 전쟁에 비하면 얼마나 사소하고 일상적인 일인지도 알 수 있을 것입니다. 그러니까 싸우지 말고 화해하세요.

전쟁은 극한적인 상황을 만들기 때문에 우리는 전쟁을 통해서 윤리적인 질문에 마주치는 일이 많습니다. 예를 들어, 제2차 세계대전 때 독일군을 피해서 아이들을 데리고 도망치는 어머니가 있었습니다. 이 어머니는 길가 수풀 속에 숨었는데 갑자기 갓난아이인 막내가 울기 시작하자 독일군에게 들킬 것을 염려해 입을 막아 그만 아이가 죽고 말았습니다. 다른 아이들을 살리기 위해서 한 일이라지만 이 행동은 올바른 일이었을까요? 다른 방법이 있었을까요? 한번 생각해 보아요.

힌트!

전쟁 영화는 상당수가 이런 문제들을 다루고 있습니다. 〈라이언 일병 구하기〉나 〈블랙 호크 다운〉 등의 전쟁 영화를 보면서 어떤 윤리적 문제들이 다루어지는지 찾아보고 같이 고민해 봅시다.

우리의 삶을 전쟁에 비유하는 것은 많은 면에서 비슷한 측면이 있기 때문일 것입니다. 그래서 예로부터 전쟁에서 이기기 위한 이른바 '병법'(군사를 부리는 방법)은 삶의 지혜를 가르쳐 주는 처세서로도 인기가 있었습니다. 예를 들어, '삼십육계 줄행랑'이라는 말은 『손자병법』에 나오는 여러 가지 계책 중 36번째가 '주위상(走爲上)'으로, "때로는 전략상 후퇴도 필요하다."는 것에서 나온 말입니다. 그 첫 번째는 '만천과해(瞞天過海)', 즉 "하늘을 가리고 바다를 건넌다."는 말로 압도적인 물량을 갖출 때 이긴다는 뜻이지요. 이 36계를 모두 찾아서 그 뜻을 공부해 보세요.

힌트!

36계는 인터넷에서도 쉽게 찾을 수 있습니다. 어떤 상황을 가리키는지 자기 생각을 써 보세요.

"젊은 알렉산더는 인도를 정복했다. 그가 혼자서 해냈을까?" 이것은 브레히트라는 사람이 쓴 시의 일부입니다. 우리는 전쟁의 역사에 대해 공부할 때 장군이나 임금의 이름에 대해 듣지만 실제로 전쟁터에서 싸우다 죽어야 했던 무수한 병사들에 대해서는 듣지 못하기 마련이죠. 하지만 수천, 아니 수만 수십만이 싸우다 죽었던 전쟁의 진짜 주역들은 그렇게 이름 없는 병사들일 겁니다. 그래서 세계 곳곳에는 '무명용사의 비'나 '무명용사를 위한 탑'들이 있어요. 현충원에 갈 때 한 번 찾아보도록 합시다.

힌트!

전 세계 곳곳의 유명한 '무명용사비'도 찾아보세요.

질문

피카소의 〈게르니카〉라는 그림이 있습니다. 이것은 스페인 내전 당시 게르니카 지방에 대한 무차별 폭격으로 인한 참상을 소재로 한 것으로 전쟁에 대한 고발을 그 내용으로 합니다. 전쟁을 소재로 한 다른 미술이나 음악 등 예술 작품을 찾아서 감상해 보고 그 감상문을 써 보세요.

힌트!

전쟁을 비난하는 내용의 예술만이 있는 건 아니랍니다. 드물긴 하지만 전쟁을 칭송하거나 고취시키는 내용의 예술 작품도 있어요.

이어령의 교과서 넘나들기 전쟁편

펴낸날	초판 1쇄 2013년 4월 26일
	초판 2쇄 2013년 8월 9일

콘텐츠 크리에이터	이어령
지은이	김창회
그린이	나연경
기 획	손영운 · 모해규
펴낸이	심만수
펴낸곳	(주)살림출판사
출판등록	1989년 11월 1일 제9-210호

출판등록	경기도 파주시 문발동 522-1
전 화	031-955-1350 팩 스 031-624-1356
기획 · 편집	031-955-1392
홈페이지	http://www.sallimbooks.com
이메일	book@sallimbooks.com

ISBN	978-89-522-2317-3 03300
	978-89-522-1531-4 (세트)

책임편집 **장선영**